남보다
내 마음이
우선
입니다

남보다 내 마음이 우선입니다

남 눈치 보다가 이도저도 못하고
시간 낭비만 하는 당신에게

오시마 노부요리 지음 | 고정미 옮김

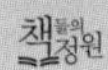

여는 글

타인이 아닌 '나'에게 집중하며 살아가기

사람은 자기 감정이 온전히 자신만의 것이라고 생각한다. 하지만 과연 그럴까? 홀로 살아가는 사람은 없으며 '사회'라는 구조 속에서 관계를 형성하며 살아가고 있다. 그렇기 때문에 감정이 싹트는 것도 타인의 영향을 크게 받을 수밖에 없다.

나보다 부족한 사람을 보면 우월감을 느끼고, 나보다 잘난 사람을 보면 열등감을 느낀다. 나와 타인을 비교함으로써 생기는 감정들이다. 물론 타인과 자신을 비교하지도 않고, 남의 감정이 어떠하든 전혀 신경 쓰지 않는 사람도 있을 것이다. 하지만 사회 구성원으로서 주변 사람들과 인간관계를 맺으며 살아가는 대부분의 사람은 타인의 감정을 신경 쓰며 살아간다.

특히 나보다 사회적으로 높은 위치에 있는 사람, 예를 들어 직장 상사이거나 웃어른이라면 더욱 그렇다. 질문에 대답한 후 상사의 표정이 안 좋으면 '내가 뭘 잘못했나?' '나한테 실망한 걸까?' 하고 불안한 마음이 스멀스멀 가슴속에서 피어난다.

오랫동안 카운슬링을 하면서 알게 된 것이 있다. 타인의 감정이 뇌의 네트워크를 통해 전염될 수 있으며 그로 인해 평소라면 생각할 수 없는 비이성적인 행동을 하게 된다는 것이다. 우리의 뇌에는 '스트레스'가 존재하고 있는데, 감정이 격해지면 이 스트레스가 뇌를 자극하여 비이성적이고 폭력적인 행동을 하게 만든다.

이것은 마치 간질 발작을 하는 것과 같아서 본인 스스로는 컨트롤을 할 수 없다. 그리고 시간이 지나 마음이 진정되면 '그때 왜 그런 행동을 한 거지?' 하고 자괴감을 느끼게 된다. 질투나 불안과 같은 감정은 자신의 내면 깊은 곳에서 생겨나는 경우가 많다. 하지만 타인의 감정이 전염되어 비이성적인 행동을 일으키는 경우도 있다.

옆 사람이 하품을 하는 것을 보고 있으면 자신도 갑자기 하품을 하게 되거나 긴장하는 사람을 보면 자신도 긴장하게 되는 일을 경험한 적이 한 번쯤은 있을 것이다. 이는 뇌가 마치 인터넷처럼 각양각색의 사람과 연결되어 있기 때문에 상대의 행동이나 감정을 따라 하게 되는 것이다. 현대 과학으로는 계측할 수 없는 주파수로 상호 커뮤니케이션을 나누고 있다는 가설을 나는 '뇌의 네트워크'라고 부른다.

이 뇌의 네트워크를 통해 다른 사람들의 감정이 전달되며 특히 질투, 불안, 초조함과 같은 강렬한 감정이 네트워크로 전달되어 우리에게 영향을 줄 수 있다. 문제는 부정적 감정이 전염되면 우리가 이성적 판단을 할 수 없게 만들어 인간관계를 파괴하고 힘들게 이루어온 성과들을 내팽개쳐버리게 된다는 것이다.

한번은 갬블의 도시인 라스베이거스에서 일확천금을 노려보자는 친구의 꾐에 빠져 카지노에 갔던 적이 있다. 좀처럼 돈을 따지 못하고 계속 잃기만 하다 보니 역시 이런 건 소용없는 일이라고 생각해 포기하고 뒤에서 기다리던 할머니에게 내 자리를 양보했다. 그러고는 걸어 나오는데 뒤에서 '빰빠라밤~' 하고 팡파르가 울려 퍼졌다. 이게 뭔 일인가 싶어서 돌아보니 방금 내가 자리를 양보했던 할머니가 잭팟을 터트린 것이 아닌가! '조금만 더 있었다면 내가 잭팟을 터트릴 수 있었을 텐데' 하는 생각에 후회가 들고 그 할머니를 향해 질투심이 끓어올랐다.

이 감정은 집에 돌아가서도 사라지질 않았다. 사촌이 땅을 사도 배가 아프다고 하는데, 생전 처음 보는 할머니에게 내가 가졌어야 할 것을 빼앗겼다는 생각이 드니 배가 아프지 않고 배기겠는가. 사실 그 할머니에게는 아무런 잘못도 없지만 나는 질투심을 참을 수가 없었다.

사람은 자신의 감정을 스스로 완벽하게 조절할 줄 안다고 착각하는 경우가 많다. 하지만 우리는 주변 환경으로 인해 발생하는 감정을 통제하지 못하게 되는 경우가 적지 않다. 그리고 주변 사건을 통해 생겨났던 감정은 사라지지 않고 나 자신을 좀먹는다.

사실 알고 보면 아무 일도 아니다. 그냥 운이 좀 없었을 뿐이라며 지나갈 수 있는 일이다. 하지만 사람은 상대보다 내가 낫다는 생각, 즉 우월감을 가지고 있어서 자신이 가져야 할 것을 빼앗겼다는 착각을 하게 된다. 그리고 그 착각은 질투심이라는 부정적 감정으로 변해 비이성적이고 파괴적인 행동을 하게 만든다. 하지만 그런 행동을 하더라도 그 행동을 스스로 인지하기란 어렵다.

우리는 순간의 감정을 이기지 못해서 눈앞에 찾아온 기회를 날려버리거나 자신의 재능을 발휘하지 못하기도 하고, 소중한 인간관계를 망가트리기는 경우도 있다. 또 힘들게 이루어온 자신의 실적이나 꿈을 스스로 파괴해버리는 경우도 적지 않다. 그만큼 감정은 우리의 삶을 좌지우지하는 강력한 힘이다. 이 감정을 부정적인 방향이 아닌 긍정적인 방향으로 컨트롤할 수 있다면 부와 행복을 모두 잡을 수 있다.

이 책에서는 우리가 어떤 상황에서 타인의 감정에 휘둘리기 쉬운지, 부정적 감정이 이 사람에게서 저 사람에게로 어떻게 전염되는지, 그리고 그 감정이 뇌를 자극하였을 때 어떤 행동을 야기하는지를 다양한 사례를 통해 설명한다. 더불어 타인의 감정에 휘둘리지 않고 오히려 스트레스나 질투심과 같은 타인에 의해 생겨나는 감정들을 자신의 에너지로 만드는 방법에 대해 소개하고 있다.

이 책을 통해 감정에 휘둘리지 않고 마음의 평정을 찾아 자신의 재능과 힘을 온전히 발휘하여 풍요로운 인생길을 걸어가기를 바란다.

오시마 노부요리

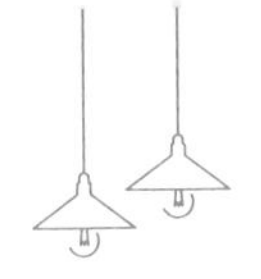

차례

3장 잠시만요, 최소한의 선은 지켜주세요

4장 남의 감정에 휘둘리는 건 사양입니다

5장 나를 단단하게 만드는 마음 공부

1장

겉으로 보이는 행동 속에 숨은 감정

1

이유 없이 화가 난다면 열등감 때문입니다

⁚ 후배에 대한 열등감으로 회사를 그만둔 A씨

A씨는 직장 상사로부터 총애를 받으며 순조롭게 엘리트 코스를 밟고 있었는데 돌연 회사를 그만두었다. 대체 그에게 어떤 일이 있었던 것일까? 일의 발단은 이렇다.

어느 날인가 A씨는 자신의 후배가 상사로부터 칭찬을 받는 모습을 보았다. 회사 내에서 인정을 받으며 출세가 보장되었다고 할 수 있는 A씨였지만 그 모습을 본 순간 지금껏 자신이 이루었던 성과와 상관없이 순간적으로 후배에게 강한 질투심이 피어나면서 동시에 열등감을 느끼게 되었다.

상사가 자신보다 후배에게 더욱 애정을 쏟는 이유가 자신보다 후배가 더 뛰어나기 때문이라고 생각했기 때문이다. 그러자 일에 대한 의욕이 사라졌고 '이런 시시한 일 따위 못 해 먹겠네!' 하며 손에서 일을 놓아 버리게 되었다.

그 이후로도 상사가 자신보다는 후배에게 더욱더 애정을 쏟는 것처럼 느껴졌고 열등감은 점점 분노로 치달았다. 결국 '당신이 하는 방법은 틀렸어!' 하며 상사와 다툼을 하게 되는 상황까지 이르렀고, 탄탄대로의 출셋길을 달리던 그는 자신의 능력을 알아주지 않는 이런 곳에서는 더 이상 일할 수 없다는 생각에 빠져 퇴사하고 말았다.

이러한 상황을 지켜본 주변 사람들은 '대체 왜 저러는 거야?' 하며 깜짝 놀란다. 주변에서 보기에는 아무런 문제가 없었는데 A씨가 갑자기 상사에게 시비를 걸고는 퇴사를 한 것으로 비춰졌기 때문이다. 그러나 열등감이 폭발해버린 그는 무조건 자신이 옳다는 생각에 빠져 '그런 악덕 상사 밑에서 일할 수 없어! 나는 잘못하지 않았어!'라고 굳게 믿으며 자신의 행동이 바람직한 것이라는 착각에 빠져 있었다.

A씨는 업무 능력은 물론 머리도 뛰어났다. 그러나 열등감이 온 생각을 지배하게 되면서 업무 능력은 점차 떨어지게 되었고 판단력이 흐려져 결과적으로 자신이 쌓아온 인간관계와 미래까지 파괴해버리고 말았다.

그가 이렇게 극단적인 결단을 내린 것은 어째서일까? 이는 그의 내면에 잠재해 있던 우월감과 열등감 때문이다. 열등감은 다른 사람에 비해 자신의 능력이나 지위 등이 부족하다고 느끼는 감정으로 근본적인 원인은 타인의 애정과 관심이 부족한 것에 있다.

그리고 우월감은 강한 열등감을 감추기 위해 자신이 다른 사람보다 더 뛰어나다는 것을 타인의 애정과 관심을 통해 확인해야만 하는 상태이다. 당시의 그는 우월감에 빠져 있었고 자신의 상사가 후배를 칭찬하는 모습을 본 순간 우월감 아래 숨어 있던 열등감이 폭발하고 말았던 것이다.

TV 채널을 여기저기 돌리다가 맛집 탐방을 하는 프로그램을 보게 되었다. 거기서는 한 여배우와 남자 아나운서가 함께 거리를 돌아다니면서 새로운 음식점을 찾고 있었다. 여기에 출연한 여배우는 아역 출신으로 유명한 사람이었다. 어린 시절의 모습만 기억하고 있었는데 멋진 여배우로 성장한데다가 예능감도 뛰어난 모습을 보니 타고난 연예인이라는 생각에 감탄했다.

그 여배우는 어떤 말을 해야 시청자의 호감을 끌어낼 수 있는지 정확히 알고 있었고, 그의 대사 하나하나가 마음에 파고들었다. 저 여배우 나이일 때의 나는 무엇을 했나 생각해 보니 더욱 대단하다는 생각이 들었다.

나는 이 여배우의 멋진 모습에 흠뻑 빠져들어 금방이라도 팬이 되어버릴 것 같았다. 그녀는 방송이 나가는 내내 자신의 매력을 뽐내면서 시청자의 호감을 끌어내고 있었다. 그녀에 대한 인상이 더없이 좋아지고 있었는데 순간적으로 그녀가 내비친 표정을 보고 그 생각이 싹 바뀌게 되었다. 진행을 하던 남자 아나운서가 그녀와 비슷한 나이대의 다른 여배우의 이름을 부르며 미소를 보였을 때였다. 줄곧 싱그러운 미소를 짓고 있던 그녀가 찰나의 순간 차가운 표정을 내비친 것이다.

그 싸늘한 표정은 성격 좋아 보이던 그녀의 인상을 180도로 바꾸었고 가지고 있던 호감이 싹 사라지고 말았다. 그녀는 어째서 좋았던 인상을 망치는 싸늘한 표정을 지었던 것일까?

그녀가 의도한 바는 아니었을 것이다. 하지만 자신이 기껏 올려놓은 호감을 다른 사람에게 빼앗길지도 모른다는 생각이 드는 순간 '질투'라는 감정이 그녀의 뇌리에 스며들면서 자신의 표정을 제어하지 못했다. 아역 시절부터 현재에 이르기까지 오랜 시간 동안 배우로서 생활해온 만큼 연기 하나는 능숙하게 해낼 터인데도 질투심이 치밀어오자 자신의 감정이 표정으로 드러나는 것을 막을 수 없었던 것이다.

그리고 한순간 내비친 그녀의 싸늘한 표정은 조금 전까지만 해도 '이 여배우는 성격이 참 좋을 것 같다'라는 생각을 가지고 있었던 사람들로 하여금 그녀에 대해 다시 생각하게 만든다. '흠… 어쩌면 성격이 안 좋을 수도 있겠구나' 라는 생각을 하게 되는 순간 그녀에게 가지고 있던 호감도가 떨어지고 만다. 누가 봐도 표정이 확연하게 변했기 때문에, 대다수의 시청자가 나와 비슷한 감정을 느꼈을 것이다.

이 여배우는 한순간 감정에 휘둘려서 지금껏 노력해서 쌓아 올린 이미지를 한 방에 날려버렸고, 결국 자신에게 엄청난 손해를 끼치는 결과를 초래한 셈이다.

2

누군가와 비교할 때 생기는 '질투'라는 녀석

내가 가지지 못한 것을 가진 사람을 볼 때 생겨나는 감정

열등감을 느끼게 만드는 '질투'라는 개념에 대해 조금 더 구체적으로 이야기해보고자 한다. 질투라는 말은 일상에서 대화를 나누다 보면 종종 등장한다. 예를 들어 자신보다 젊고 예쁜 사람을 보면 "저 사람은 젊은데 예쁘기까지 하고 정말 질투 나네" 같은 말을 하고는 한다. 내가 가지지 못한 '아름다움'이나 '재능' '체력' '젊음' 등을 느꼈을 때 부럽다는 감정이 생기면서 "정말 질투 나네"라는 말이 툭 튀어나오게 되는 것이다.

질투란 '남편의 사랑을 저 젊은 여자에게 빼앗길 수도 있겠다'라는 불안이나 두려움에서 '저 여자는 최악이야!'라고 시샘하며 증오하게 되는 감정이다. 본래 자신이 가져야 할 '애정'이나 '시선' 또는 '연민' 그리고 '상냥함'까지 이 모든 것을 제3자에게 빼앗겨 버리는 것이다.

이로 인해 받게 되는 '불안감' '분노' '무력감' 등이 복잡미묘하게 뒤섞이는 감정들을 질투라고 말한다. 질투는 '저 젊은 여자가 부럽다'라는 식의 알기 쉬운 형태로 표면화되지 않는 경우도 있다. 내가 질투를 하고 있다고는 자각하지 못한 채, 무의식 속에서 질투라는 감정이 고개를 내미는 경우가 있는 것이다.

열등감을 느끼게 되는 조건

사람이 누군가에게 열등감을 느끼게 되는 데에는 조건

이 있다. 내가 어렸을 적의 이야기다. 친구가 "나는 용돈으로 1,000엔을 받는다~"라고 자랑하는데, 100엔밖에 받지 못하는 나는 그 친구가 정말 부러웠다. 하지만 부럽다는 생각은 하더라도 친구를 미워하거나 친구에게 열등감을 느끼지는 않았다.

그렇다면 어떨 때 열등감을 느끼게 될까? 어릴 적 설날에 할머니에게서 세뱃돈을 받았을 때의 일이다. 할머니에게 세뱃돈을 받은 나는 "할머니, 고맙습니다"하고 인사하며 기쁜 마음에 폴짝폴짝 뛰었다. 그런데 할머니가 7살 아래인 동생에게도 나와 똑같은 금액의 세뱃돈을 주는 것이 아닌가. 그 모습을 본 순간 내 얼굴에서 웃음기가 싹 사라지고 말았다.

갑자기 기분이 푹 가라앉으면서 동생에게 화가 치밀어 올랐다. 조금 전까지만 해도 소중하게 느껴지던 세뱃돈이 하잘것없이 느껴졌고 '이까짓 것, 어찌 되든 상관없다'는 생각이 들면서 내버리고 싶은 기분이 들었다. 여기서 확실하게 알 수 있는 건 나는 이때 동생에게 열등감을 느껴 냉정한 판단을 할 수 없는 상태가 되었다는 것이다.

이 두 경우의 차이점을 가만히 살펴보면 열등감을 느끼게 되는 조건이 무엇인지를 알 수 있다. 그 조건이란 '자신보다 낮은 위치에 있다고 생각한 사람이 나보다 훨씬 더 좋은 것을 지니고 있다'라는 것이다.

나는 친구가 나보다 '낮은 위치'에 있다고 판단하지 않았다. 당시 나는 우리 집은 본래 가난하다는 인식을 가지고 있었으므로, 오히려 친구를 나보다 '높은 위치'에 있다고 생각했다.

그러나 동생은 누가 봐도 자신보다 '낮은 위치'에 있는 존재이다. 그럼에도 불구하고 자신과 똑같은 금액의 세뱃돈을 받았다. 7살이라는 꽤 큰 나이 차가 있음에도 같은 액수의 세뱃돈을 받았다는 것은 그만큼 할머니에게 있어 동생이 나보다 더 나은 존재이고 더 특별하게 생각하고 있다는 것으로 해석할 수 있었다. 할머니의 애정이 동생에게 더 많이 향해 있다고 생각하자 동생보다 못한 존재라는 생각이 들며 열등감이 머리를 지배해 냉정하게 상황을 바라볼 수 없게 된 것이다.

이처럼 열등감은 우월감을 가지고 있던 상대를 통해 생

긴다. 일반적으로 사람은 타인과 나를 비교 대상에 두고 누가 더 우월한지 판단하게 된다. 나보다 우월하다고 판단한 사람이 더 좋은 칭찬을 받거나 더 많은 돈을 받는 것은 당연하게 받아들이지만 나보다 못하다고 생각했던 사람이 나보다 칭찬을 많이 받거나 많은 돈을 받고 있다는 것을 알게 되면 그것이 부당하게 느껴지고 자신이 가져야 할 것을 빼앗겼다는 착각을 하게 된다. 이런 감정이 생기는 원인은 모두 자신이 상대보다 우월하다고 마음속으로 생각하고 있기 때문이다.

만약 당신이 타인이 잘되는 것을 보고 열등감을 느끼게 된다면 가만히 생각해보자. 상대와 자신을 비교하며 은근히 그를 나보다 못한 사람이나 아랫사람이라고 생각하고 있지는 않았는가?

남과 비교하고 차별하는 마음은 내게 독이 되어 돌아온다. 열등감이 스스로를 비난하게 만들고 타인을 미워하게 만든다. 이렇게 열등감이 치밀어 올라 올바른 판단을 하기 힘들 때는 상대와 나를 있는 그대로 바라보는 연습을 하자. 자신과 타인을 바라볼 때 비교의 잣대를 들이밀지 말고 있는 그대로의 모습을 순수하게 바라본다면 다른 사람과 화합할 수 있고 더 나은 결과를 불러올 수 있다.

3

나보다 못난 동료가 연봉은 더 높다고?

나보다 못한 사람이 인정받는 걸 참지 못한다

예전에 회사에 근무했던 시절, 나보다 업무 능력이 떨어지는 동료의 연봉이 나보다 높다는 사실을 알게 되었다. 그때 난 참을 수 없는 분노가 머리끝까지 치밀어 올라 부당한 사실에 항거하기 위해 사장실로 뛰어 들어갔다.

평소에는 온화한 성격이었던 나였지만 그때는 사장님 앞에서 '왜 저의 노력은 인정해 주시지 않는 겁니까!' 하고 격앙된 소리를 내지르며, 분한 마음에 눈물까지 흘리고 말았다. 순간적으로 '헉! 내가 왜 여기서 울고 있는 거야?' 싶으면서도 자신의 감정을 전혀 컨트롤할 수 없었다. 그리고 "제 능력을 인정해 주시지 않을 거라면, 차라리 퇴사하게 해주십시오!"라고 말한 후 사장실을 나와 버렸다.

그런데 잠시 산책을 하고 나니 분노가 차츰 가라앉으면서 '어라? 왜 그런 말을 내뱉어 버린 거지?' 하는 생각이 들었다. 얼굴에 핏기가 싹 가시며 갑자기 헛구역질이 엄습해 왔다. '지금 회사를 그만둔다 해도 당장 다른 일을 찾지도 못할 건데, 왜 그런 멍청한 말을 뱉은 것일까?' 하는 막심한 후회가 찾아왔다. 대체 내게 무슨 일이 일어난 것인지 알 수 없었다.

우리 집은 내가 어렸을 때부터 형편이 어려웠기 때문에 늘 '열심히 일해서 절약하여 돈을 모아야 한다'는 생각을 하고 있었다. 그 때문에 지출을 줄이기 위해서 끼니를 챙겨 먹을 때도 점심에는 빵으로 대신하고 저녁에도 빵과 치즈를 먹으며 식비를 아끼는 생활을 하였다. '다른 사람들은 모두 외식을 하며 즐거워 보이는데, 나는 이렇게 궁핍한 생활을 하고 있구나' '마음 편히 돈을 쓸 수가 없네' 하며, 답답한 현실과 마주하고 있었기에 스트레스가 쌓여 있었다.

그런 상황에서 나보다 일을 못하는 사람이 더 많은 월급을 가져간다는 사실을 알게 되자 '저 녀석은 일도 별로 하지 않는데 나보다 월급이 많다니!' 하며 스트레스가 폭발해 비합리적인 의사 결정을 하게 된 것이다.

연구에 따르면 스트레스를 받은 집단이 그렇지 않은 집단에 비해 자신이 한 일의 결과가 만족스럽지 못할 경우에 충동적인 행동을 하는 경향이 크다고 한다. 나의 경우 나보다 못한 사람보다 월급이 적다는 사실에 급격한 스트레스를 받아 자신이 저지르는 언행에 대한 컨트롤이 불가능해진 것이었다.

이처럼 사람은 자신이 한 일에 대해 인정을 받고 싶은 욕구와 그에 합당한 보상을 받고 싶어 하는 욕구를 가지고 있다. 그런데 자신보다 못하다고 생각했던 사람이 회사에서 더 크게 인정을 받으면 자신은 충분한 인정을 받지 못한다고 느끼고, 그런 마음이 상대방을 향한 질투, 불만 등의 형태로 표출된다.

질투심으로 과거의 잘못을 들춰내다

자신이 하는 일에서 충분히 인정받지 못하면 불만의 표출이 잦아진다. B씨는 결혼을 하고 아이를 키우게 되면서 일을 그만두게 되었다. 그녀는 일하는 남편을 챙기고 집안일을 하고 고된 육아를 하느라고 매일매일 기진맥진이다. 그러나 그런 그녀의 노력을 알아주는 이는 하나도 없다. 남편은 오히려 집안 꼴이 이게 뭐냐며, 당신이 하는 게 뭐가 있냐며 타박을 한다.

그런데 어느 날 남편이 하는 일이 순조롭게 풀리며 웃음 가득한 얼굴로 귀가하는 것을 보자, 아내의 머릿속에서는 '나는 이렇게 매일 고되게 육아를 하고 있는데, 그 누구에게도 인정받지 못하고 있어. 그런데 당신은 사회에서 인정받으며 승승장구하다니, 당신이 너무 얄미워!'라고 생각하게 되면서 동시에 10년 전에 자신의 친구와 남편이 함께 술을 마시러 갔다는 이유로 부부 싸움을 했던 일을 떠올리게 된다.

당시에는 이혼을 하자는 소리가 나올 정도로 상황이 심

각했지만 아이들을 생각하여 가까스로 싸움은 일단락되었다. 그러나 육아와 살림에 집중하면서 남편에게 불만이 가득했던 그녀는 태평한 남편의 모습을 보자 10년 전의 일이 마치 어제 일처럼 떠오르며, '당신! 또 바람피운 거 아냐!' 하고 의심 가득한 말을 뱉어냈다. 남편을 자신과 같은 위치로 끌어내리기 위해 과거의 잘못을 끄집어내는 것이다.

아이들도 꽤 성장을 해서 '앞으로는 남편이 더 열심히 일해줘야 해. 그러니 힘내서 일할 수 있게 나도 타박하지 말고 더 잘 챙겨줘야지'라고 생각하지만 막상 남편을 보면 바가지를 긁게 되고, 타박을 받은 남편은 의기소침해서 자기 일에 대한 의욕이 사라지게 된다.

생존을 위한 인간의 심리적 욕구

사냥과 수렵의 시대에 집단에서 고립되는 것은 생명의 위험을 의미했다. 그렇기에 인간은 사회(집단)으로부터 거절당하는 것에 대한 본능적인 거부감을 가지고 있다. 인간의 인정 욕구는 이처럼 생존을 위해 집단에서 자신의 존재감을 확장하려는 심리적 욕구이다.

남이나 자기 자신에게 자신이 가치 있는 존재라는 인정을 받음으로써 자신감이나 자부심을 얻고 삶의 의욕을 가지는 것이다. 생존의 위험이 적어진 현대에서 인정 욕구는 자신의 처지에 대해 누가 알아줬으면 하는 욕구로 표출되기도 한다. 자신의 현재 모습이 어쩔 수 없는 결과라는 것을 이해받고 싶어 하는 것이다.

인정 욕구가 높은 사람은 다른 사람의 인정을 받고자 하며, 그렇기에 다른 사람의 반감을 얻는 행위는 피하려고 한다. 하지만 좋은 사람이 되려고만 하면 삶이 불만족스러워지고 스트레스가 쌓여 활력을 잃어버리게 된다. 또한 인정 욕구가 채워지지 않으면 불안, 초조, 우울함 등의 감정을 느끼게 되면서 강한 스트레스로 인해 타인에게 인정을 강요하거나, 앞의 사례의 B씨처럼 비이성적인 행동을 하여 타인의 마음에 깊은 상처를 준다.

물론 긍정적인 측면도 있다. 다른 사람들에게 인정받고 존경받기 위해 노력하는 것은 자신을 한 단계 성장시키며,

선행을 하거나 모범적인 행위를 하는 것은 사회에 이로운 일이다. 그러나 가장 중요한 것은 인정 욕구에서 벗어나는 것이다. 남이 나의 존재 가치를 매겨주길 바라는 마음에서 벗어나 존재 그 자체만으로 살아갈 가치가 있음을 인식해야 한다.

타인에게 인정받고 싶어 하는 것은 인간의 본능적 욕망이다. 하지만 그저 태어났기 때문에 살아가는 것이 아니라 삶의 이유를 깨닫고 행복한 삶을 살아가기 위해서는 자신이 지금 어떤 감정을 느끼고 있는지 인지하고 그 감정을 솔직하게 표현하는 것이 중요하다.

사실을 객관적으로 인식하고 진정한 자존감을 찾는 과정을 지나야 한다. 타인이 아닌 내가 내 가치를 인정할 때 비로소 타인에게도 자연스럽게 인정받을 수 있는 인격을 갖출 수 있다.

타인에게는 너그러운 잣대로 인정하고, 자신에게는 스스로의 삶을 돌아보며 수고했다고, 잘했다고, 칭찬해주고 만족할 줄 아는 삶의 지혜가 필요하다. B씨도 남편에게 자신이 이렇게 힘들다고 자신의 처지를 인정해주길 바라기보다 육아에 힘쓰는 자신을 스스로 칭찬하고 격려했다면 남편이 사회에서 인정받고 있는 것을 질투하게 될 일도 없었을 것이다. 아니, 더 나아가 남편이 힘을 낼 수 있도록 독려할 수도 있었을 것이다.

자신의 감정을 정확하게 인식하고 경험할 줄 알아야 삶의 만족도가 높아진다. 행복은 남에게서 오는 것이 아니라 자기 자신을 통해 얻을 수 있는 것이다. 남에게서 나로 향하는 관심은 나를 긴장하게 만들고 심지어는 불안하게 한다. 남에게 인정받으려는 마음이 커지면 스스로 마음의 주인이 되지 못하고 남의 인정을 받기 위해 행동보다는 말이 앞서게 되는 공허함을 불러온다.

내가 지금 무엇을 느끼고 있는지, 어떤 감정을 경험하고 있는지에 더 관심을 가져야 한다. 나에게서 출발하여 나에게로 향하는 것, 나를 더 분명히 알고 이해하려는 관심이 필요하다.

4

무조건 내가 옳다는 '근자감'이 생길 때

오직 자신만이 옳다고 생각한다

스트레스가 폭발해 합리적인 판단을 하지 못하는 상태가 되면 평상시에는 상상할 수 없는 행동과 말을 하며 지금껏 열심히 쌓아온 것을 모두 망가트려 버리게 된다. 그동안 어렵게 쌓아 왔던 상사나 사장과의 신뢰 관계는 우르르 무너지고, 당연히 사내 평판도 나빠지게 되며 열심히 쌓아온 실적을 날려버리는 결과를 초래하는 것이다. 이리하여 승진할 수 있는 기회도 사라지게 된다.

그러나 자신이 생각하기에 불합리한 대우를 받아 분노에 사로잡힌 상태에서는 주변에서 어떤 말을 하든지 무조건 '내가 옳고 상대방이 틀렸다'고 생각하게 된다. '내가 옳다'는 믿음을 의심하지 못하고, 자신이 무엇을 하고 있는지 자각하지 못한 채 유치한 정의감을 내세워 자신의 소중한 것들을 모두 망가트려 버리는 것이다.

그러다가 시간이 지나서 마음이 진정되면 '앗, 큰일 났다!' 하며, 자신이 놓쳐버린 것들이 무엇인지 실감하게 된다. 주위에서 지켜보던 사람들은 일시적인 감정에 휘둘렸기 때문이라고 생각할 수 있겠으나, 그렇게 쉽게 생각할 일이 아니다. 앞의 사례에서 나는 감정 조절 장애를 일으키고 있었기 때문이다.

그동안의 내 모습을 되돌아보니 나는 정기적으로 감정 조절 장애를 일으키고 있었다. 평상시에 돈이 없어서 쪼들리는 생활로 인해 항상 스트레스를 받고 있다가 상사로부터 주의를 받자 스트레스가 임계점을 넘어서면 감정을 조절할 수 없게 되었다.

감정이 격해지면 비합리적인 사고를 하게 되고 궁핍한 상황에서도 '화도 나고 짜증 나는데 이참에 사고 싶었던 컴퓨터나 사버릴까?'라는 생각이 들게 된다. '이걸 사게 되면 생활비가 없어지는데' 하는 불안한 마음이 머릿속 한편에 자리 잡지만, '새 컴퓨터가 없으면 일이 잘 되지 않아'라는 착각에 빠져 쓸데없는 지출을 하고 만다.

그렇게 무의미한 소비를 한 후에 영수증을 확인하고 나서야 이성이 돌아오며, '아~ 애써 모은 돈을 이렇게 써버리다니!' 하고 손이 후들후들 떨리기 시작한다. 그래도 '새로운 성능의 컴퓨터를 가지게 됐으니까!'라며 스스로를 납득시키려 하지만, 새 물건을 가졌다는 기쁨도 잠시. 어느 새 텅빈 통장을 보며 후회하게 된다. 이렇게 후회를 하면 할수록 스트레스가 쌓여 다시 감정을 다스리지 못하게 되고 자신의 삶을 망가트리는 행위를 반복하고 있었던 것이다.

∴ 격렬한 감정은 이성을 잃게 만든다

나의 사례 외에도 감정이 격해지면 자신이 어떤 행동을 했는지 제대로 인식하지 못하는 경우를 우리는 종종 경험하게 된다. 특히 감정을 컨트롤하지 못하게 되는 경우가 바로 자신의 배우자가 바람피우는 것을 알게 됐을 때이다.

회사에 다닐 때의 일이었다. 당시 내 상사였던 사람은 어느 날 아내에게 바람을 피우던 사실이 들통 나서 출근길에 입고 있던 양복 상의와 와이셔츠 소매를 아내가 전부 가위로 잘라버렸다. 그 상사는 어쩔 수 없이 소매가 없는 양복을 입고 그대로 출근을 하였고 그 모습을 본 직원 모두가 폭소를 터트렸다.

또 다른 한 상사는 바람을 피던 것을 아내에게 들켰을 때 아내가 포크를 던지며 자신을 공격했다고 한다. 한겨울의 추운 밤이었는데도 아내의 살벌한 공격을 받아 등에 포크를 찔린 채 신발도 신지 못하고 맨발로 뛰어나와 공원에서 하룻밤을 지새웠다고 한다.

두 상사의 아내들은 평소 인내의 나날을 거듭하면서 강

한 스트레스를 받고 있는 상태였을 것이다. 그런 상황에서 '남편의 외도' 사실을 알게 되자 쌓여 있던 스트레스가 폭발하여 뇌에 강한 자극을 주었고 그로 인해 자신이 어떤 행동을 하는지 인지하지 못한 채 감정에 몸을 맡기고 평소라면 결코 하지 않았을 과격한 행동을 하게 된 것이다.

강한 스트레스로 인해 뇌에 자극을 받게 되면 남편의 와이셔츠 소매를 가위로 싹둑싹둑 잘라내면서도 '나는 지금 옳은 일을 하고 있다'는 사실을 믿어 의심치 않는다. 미운 남편에게 포크를 내던질 때도 '겨우 이 정도로 끝낼 수 있을 것 같아?'라며 공격적인 말과 행동을 보인다. 자신의 행동이 큰 사고를 부를지도 모른다는 사실을 전혀 자각하지 못하게 되며, 가슴속의 화는 점점 불타올라 남편을 향한 공격은 더욱 격해진다.

감정 조절 장애에서 벗어나려면…

감정 조절 장애가 일어났을 때는 '자신이 장애를 일으키고 있다'는 사실을 자각하지 못한다. 하지만 거기서 벗어나는 방법이 있다. 바로 '자신이 무조건 옳다'는 근거 없는 자신감(근자감)이 생겼을 때 '아! 바로 이 상태가 감정 조절 장애가 일어난 순간이구나!'라고 생각하는 것이다. 물론 자신이 충동적인 감정에 휩쓸렸다는 것을 인식하는 것은 쉬운 일이 아니다. 이는 꾸준한 연습이 필요하다.

자신이 무조건 옳다고 생각하고 있음을 감지했을 때, 상사에게 대들거나 주변 사람에게 화풀이를 하거나 충동적으로 불필요한 소비를 하는 것을 방지할 수 있게 된다. '시즌 한정 가방'이 매장 앞에 진열되어 있는 것을 보고, '저 가방을 사면 능력 있는 사람이 될 수 있을지도 몰라. 저건 꼭 사야 해'라는 생각이 들 때는 자신이 충동적 감정에 휩쓸려 있지 않은지 의심해보자. 그러면 자신이 가방을 왜 사려고 했는지 알 수 있다. 진정 필요한 것인지, 자신을 위한 것인지, 아니면 타인의 시선이나 질투 같은 감정 때문인지 생각할 수 있게 되고 올바른 판단을 내릴 수 있다.

'얼마 전 손해를 봤던 것을 만회하기 위해서는 이것이 필요해!'라고 생각하는 것도, 감정 조절 장애가 일어났을 때의 사고 패턴을 전형적으로 보여주는 한 예이다. 이것 또한 '나는 옳다'는 착각을 불러일으키기 때문이다.

대부분의 사람은 '물건을 구입하기 위한 이유는 스스로 판단한다'고 생각하지만 실제로는 충동적인 감정에 의해 눈앞에 있는 물건을 당장 갖고 싶어 하는 것일 뿐이다. 그래서 다른 선택지가 보이지 않게 되고 필요하지도 않은 물건을 충동적으로 구매해버리는 것이다.

'지금 당장 이것을 사야 해!'라는 초조한 마음이 생겼을 때는, '이건 충동구매야' 하고 생각해보자. 이러한 경험을 반복하다 보면 충동적인 소비를 줄일 수 있고, 나아가 제대로 인식하지 못한 상태에서 행동하는 일이 줄어들고 자신이 진정으로 원하는 것이 무엇인지 심사숙고하여 올바른 선택을 할 수 있다.

5

당신의 자존감,
잘 지키고 있습니까?

⁝ 자신감이 부족하면 간단한 일도 할 수 없게 된다

O씨는 남편이 확정신고를 제때 하지 않아 환급금을 받지 못하자 홧김에 '왜 확정신고를 제때 하지 않는 거야!'라고 남편을 나무랐다. 아내로부터 '손해를 보았다'는 사실에 대해 질책을 받은 남편은 심리적으로 위축되었다. 그리고 그 후로 비슷한 일이 있을 때마다 같은 실수를 저질렀다.

'영수증을 세무사에게 제출'하는 단순한 일을 반복해서

놓치자 O씨는 '왜 그런 간단한 일조차 못하는 것이냐'며 남편에게 계속 잔소리를 늘어놓게 되었고, 남편은 점점 자신감이 사라져 '알고 있으면서도 해야 할 기본적인 일들을 잘 처리하지 못하는' 증상이 점점 심해져 갔다.

남편은 자신이 하는 일이 제대로 하고 있는 것인지 반복적으로 의심을 하게 되고 지나치게 신중해진다. 그러다 보니 해야 할 일을 제때 하지 못하게 되고 아내는 또 화를 내는 악순환이 반복되는 것이다.

O씨의 남편이 같은 실수를 반복하게 된 것은 반복적으로 실패를 경험하면서 자아 효능감이 급격하게 떨어졌기 때문이다. 자아 효능감이 높은 사람은 스스로에게 긍정적 감정을 경험하도록 하여 상위 과제에 도전하려는 열정을 갖게 한다. 반면 자아 효능감이 낮은 사람은 걱정과 두려움 때문에 과제를 회피하거나 무력감을 느끼게 된다.

이런 일이 반복되면 업무의 질을 떨어뜨리고 시간은 더 많이 걸리게 되는 것이다. 실수를 할까 걱정하는 심리에 의해 아주 간단한 일조차 고민에 고민을 거듭하기 때문에 일을 하는 데 시간이 오래 걸리거나 아예 포기하게 된다.

이러한 사실을 알게 된 O씨는 그 이후로 남편을 타박하지 않고 작은 일에도 감사를 표현하는 습관을 들였다. 그러자 남편은 점점 자신감을 찾게 되었고 확정신고를 반드시 해야만 한다는 집착에서 벗어나게 되었다. 그렇게 부담감에서 벗어난 O씨의 남편은 10년 동안 제대로 하지 못했던 확정신고를 수월하게 할 수 있었다.

6

'너보단 그래도 내가 낫지'라고 착각하는 당신에게

댓글로 유명인을 비난하는 이유

TV나 인터넷을 보면 '유명인의 스캔들'이 폭로되는 경우가 종종 있다. 그 스캔들에 대해 길거리 인터뷰를 하면 많은 사람들이 '그 사람은 그럴 줄 알았어'라든지 '그 사람은 해서는 안 될 일을 저질렀어!'라며 온갖 비난을 한다. 온라인에서는 수많은 사람이 스캔들을 일으킨 유명인에 대한 험담을 댓글로 달며 더 큰 화제로 만들어 간다.

한편으로 이러한 비판의 목소리에 '자기 자신의 품행은 생각지 않고, TV에 나오는 유명인이나 저명한 사람들을 상대로 폭언을 한다'며 무분별하게 비난을 하는 사람들을 지적하는 댓글도 많이 볼 수 있다.

객관적으로 봤을 때 자신보다 지위나 인지도 면에서 높은 위치에 있는 사람들을 비난하는 것은 '우월의 착각' 때문이다. 대부분의 사람은 '자신은 평균 이상은 되는 뛰어난 존재'라고 생각한다. 그러나 이 우월감은 객관성을 띠고 있지 않다. 주관적 생각은 객관적으로 봤을 때 나보다 뛰어난 사람이더라도 나보다 못한 사람으로 끌어내린다. 이것이 우월의 착각이다.

사람이 타인을 질투하게 되는 것은 '자신보다 낮은 위치에 있다고 생각한 사람이 나보다 훨씬 더 좋은 것을 지니고 있다'고 느낄 때이다. 그래서 우월의 착각이 생기지 않은 경우 'TV에 나오는 사람은 자신보다 위에 있는 사람'이라는 인식을 하기 때문에 상대를 향해 질투하는 마음이 일어나지도 않고 스캔들에 관한 뉴스를 보고서도 그 사람을 비난하기보다는 '음~ 그렇게 된 거였구나'하고 그저 사실을 받아들일 뿐이다.

연예인이 스캔들을 일으키면 이전까지는 그 사람보다 내가 나은 사람이라고 생각하지 않다가도 스캔들을 일으켰다는 걸 알게 된 순간 '나보다 못한 사람'이라고 생각하게 된다. 그리고 사회적으로 물의를 일으키는 사람이 나보다 지위도 높고 TV에 나오며 돈도 더 잘 번다는 사실을 인정하기 싫기 때문에 그 사람을 향해 험한 말을 하고 비난하는 댓글을 달게 되는 것이다.

'저 사람은 못된 사람이야. 사회를 위해서라도 저런 악행을 저지른 사람은 강한 처벌을 받아야 해!'라며 그 사람이 저지른 일을 핑계 삼아 자신이 지나친 행위를 하고 있다는 것을 인식조차 하지 못하고 길거리 인터뷰나 악성 댓글 등을 통해 신랄하게 비난한다.

우리는 종종 인터넷 기사나 SNS 댓글로 특정 연예인을 말도 안되는 이야기로 매도했다가 고소당하는 것을 볼 수 있다. 그 사람들은 고소를 당하면 그제야 자신이 어떤 잘못을 저질렀는지 인식하게 된다. 그전까지는 감정에 휘둘리고 있었기 때문에 해서는 안 되는 일이라고 판단하지 못했던 것이다.

⁑ 인터넷에서는 우월의 착각이 쉽게 드러난다

우월의 착각은 다양한 상황에서 일어난다. 예를 들어, 재미없는 영화를 봐도 일반적으로는 '재미있지는 않았지만, 내게 영화를 만들 능력이 있는 것도 아니고…'라는 생각을 하며 객관적인 평가를 할 뿐 감독이나 배우를 비난하려고 하지 않는다.

그러나 자신이 우월하다고 착각하는 사람은 '내가 만들었으면 더 잘 만들었겠다'고 생각하게 되므로, '뭐야, 저 엉터리 감독은! 이런 따분한 영화나 만들어 대고!'라며 객관적 사실보다는 감정에 치우친 비난을 하게 된다. 또한 '나보다 못한 B급 감독 주제에 이런 유명한 배우를 기용해서 돈을 낭비하다니'라는 생각에 인터넷을 통해 영화에 대한 비난을 하지 않고서는 직성이 풀리지 않는 것이다.

이와 비슷한 일은 스포츠 현장에서도 많이 볼 수 있다.

사람들은 축구 시합을 보면서 객관적으로 축구를 잘한다고 검증받은 프로 선수를 향해 '되게 못하네!'라든가 '차라리 내가 뛰는 게 낫겠다'라며 축구 선수를 비난한다.

프로 축구 선수와 자신의 신체 능력을 비교하면 분명 나보다 훨씬 출중할 터인데 '나는 남보다 더 뛰어나다'는 주관적 생각에 빠져 있기 때문에 프로 선수가 나보다 신체 능력이 뛰어나다는 사실을 객관적으로 받아들이지 못하고 프로 선수가 조금이라도 실수를 하면 나보다도 열등한 사람이라고 생각해버리는 것이다. 그런데 자신보다 못하다고 생각한 사람이 큰 시합에 출장해서 사람들의 인정을 받는다는 사실에 화가 나서 비난을 멈출 수 없게 된다.

예전에는 불합리한 질투를 하는 사람이 이렇게 많다는 것을 인식하지 못했다. 학교나 회사에서의 따돌림과 같이 음습한 질투심은 특수한 사람이 일으키는 것이라는 인식이 있었다. 하지만 충동적인 감정으로 잘못을 저지르는 일은 인터넷에서 너무나도 많이 자행되고 있다. 지금도 잘못을 하고 있다는 인식조차 하지 못한 채 특정한 사람을 상대로 저주와도 같은 댓글을 다는 사람이 있을 것이다.

우월의 착각은 이처럼 자신은 높게 평가하고 다른 사람은 깎아내리는 식의 부정적인 방향으로 발전하기 쉽다. 이는 결과적으로 타인에게 상처와 고통을 주고 자신마저 불행하게 만든다. 그렇다면 서로를 불행하게 만드는 비난하는 습관에서 벗어나기 위해서는 어떻게 해야 할까?

남을 비난하기 전에 스스로에게 질문을 해보자. 나는 상대의 어떤 점을 비판하고 있는가, 어떤 부분을 용납하지 못하고 있는 걸까? 이 비판은 건설적인 비판인가? 이렇게 자신의 내면을 들여다보고 자신의 문제가 무엇인지 인식하는 것이 중요하다. 그리고 자신을 긍정적으로 바라보는 것이 중요하다. 열패감에서 벗어나 자신을 있는 그대로 바라보면 상대를 비난하여 상처를 주게 될 일도 없어진다.

연예인이나 나보다 잘난 사람을 비난하는 가장 큰 원인은 그들의 부와 뛰어난 외모 등을 비교하고 열패감을 느끼기 때문이다. 상대방과 자신을 있는 그대로 바라보고 각자의 삶 안에서 만족을 추구해야 한다. 타인과의 비교에서 벗어나면 우월의 착각도 긍정적인 방향으로 발전할 수 있다. 타인과의 비교가 아닌 '자신이 뛰어나다고 생각하는 믿음'은 자신감을 높여 잠재력 이상의 실력을 발휘하게 해줄 것이다.

2장

눈치 보고, 휘둘리고, 후회한다

1

타인의 불안감에 빠져든다

뇌의 네트워크를 타고 전해지는 타인의 감정

우리의 뇌 속에는 '미러뉴런'이라는 신경세포가 있다. 이 미러뉴런은 1996년에 이탈리아의 뇌과학자가 발견했다. 사람은 타인이 하는 행동을 바라보고 있으면 이 신경세포가 작용하여 자동으로 그 사람의 동작을 따라 하게 된다는 사실을 밝혀낸 것이다.

상상하기 쉬운 예를 들어 보겠다. 딱히 졸리지도 않은데 다른 사람이 하품을 하는 것을 보고 있으면 자신도 모르게 하품을 한 경험이 있을 것이다. 미러뉴런의 작용도 이와 같은 원리이다. 그 외에도 옆 사람의 긴장감이 자신에게도 전달되는 등의 현상들이 있다. 나는 뇌가 '뇌의 네트워크'를 이루고 있으며 현대 과학으로는 계측할 수 없는 주파수로 상호 커뮤니케이션을 나누고 있다고 생각한다.

그리고 감정은 이 뇌의 네트워크를 통해 쉽게 전염된다. 한 예로 아주 예전에는 아이돌 콘서트에서 여러 명의 관객이 쓰러져 실려 나가는 사고가 종종 일어나곤 하였다. 이것은 쓰러진 사람의 감정이 타인에게 전달되었기 때문이다. 과도하게 흥분하여 실신할 정도의 강렬한 감정이 다른 사람에게 전염되어 주위 사람들이 하나둘씩 따라서 실신해 버리는 것이다.

또, 역전경주(여러 사람이 한 팀을 이루어 장거리를 릴레이 형식으로 달려 그 시간을 다투는 육상경기. - 역주) 등에서도 이러한 현상을 볼 수 있다. 한 선수가 저혈당 쇼크를 일으켜 쓰러지자 그 대회에서 수 명의 선수가 같은 증상으로 저혈당 쇼크를 일으켜 쓰러진 일이 있었다.

이 경우도 마찬가지로 '나도 저렇게 쓰러져 버리면 어떡하지?' 하는 불안감에 휩싸이자 쓰러진 사람의 뇌와 네트워크가 연결되면서 전염된 부정적인 감정이 뇌에 영향을 미쳐 쇼크를 일으키게 되는 것이다.

패닉에 빠지는 것은 감정 전염 때문이다

같은 실수를 반복하는 사람이 있다. 한 회사에서 부하 직원이 전화 응대를 한 후에 '탕'하고 수화기를 세게 내려놓는 것을 보고, 상사가 '좀 얌전히 내려놓지!'하고 주의를 줬다. 그러나 그 부하 직원은 또 다시 '탕' 하고 수화기를 세게 내려놔 상사에게 큰 꾸지람을 들었다. 부하 직원이 상사에게 반발하려던 것은 아니다. 다만 평소 상사를 너무 무서워한 나머지 작은 훈계에도 심신이 움츠러져서 같은 실수를 하게 된 것이다. 이처럼 몸이 생각과 달리 움직여 난처했던 경험은 누구에게나 있다.

나는 예전에 화를 잘 내는 다혈질의 상사 밑에서 근무

한 적이 있었다. 그 상사와 대면할 때는 '상사의 신경이 곤두서 있을 거야' 하는 생각에 뱀의 사냥감이 된 개구리처럼 잔뜩 위축되었고, 머릿속이 새하얘지면서 '어버버버'하고 말도 자연스럽게 나오지 않았다. 그 결과 '너는 대체 뭘 하고 있는 거야!' 하며 또 호되게 꾸지람을 듣는다.

이 상황을 단순히 '화가 난 상사가 무서웠거나 긴장해서 말이 제대로 안 나왔다'고 해석할 수도 있을 것이다. 하지만 그렇게 된 이유를 좀 더 깊이 살펴보면 단순하게 긴장한 것이 아님을 알 수 있다. 사실 상사의 부정적 감정이 내게 전염되었고 그로 인해 마음이 위축되어 '생각한 것이 입 밖으로 나오지 않는' 패닉 상태에 빠지게 된 것이었다.

아무리 내가 냉정하게 대응하려 해도 주변에 감정 조절 장애를 일으킨 사람이 있으면, 그 감정이 뇌의 네트워크를 통해 나에게 전염되어 자신이 마음먹은 대로 행동하지 못하고 패닉을 일으키게 된다. 그러므로 '의도한 대로 잘되지 않는' 상황이 되었을 때는 주변에 감정 조절 장애를 일으킨 사람이 있는 것은 아닌지 의심해보자.

회사에서 업무가 뒤처지는 사원이 있을 때는 그 주위의

누군가가 감정 조절 장애를 일으켜서 안절부절못하거나 당장이라도 화가 폭발할 듯한 사람이 있을 가능성이 있다. 그리고 감정 조절 장애를 일으킨 사람이 없어지면 감정 전염도 멈춰지므로 여느 때처럼 자신의 일에 집중할 수 있게 된다.

'이 사람이 내 주위에 있으면 일이 잘 안 된다'는 것을 느끼게 되면, 거리를 두는 것도 하나의 방법이다. 그 사람의 감정 조절 장애를 멈출 방법은 없어도 내게 피해가 오지 않도록 대응은 할 수 있는 것이다.

2

나를 초조하게 만드는 동료의 시선

동료의 질투로 실신한 여성

K씨는 직장에서 영업 실적이 올라 승진을 하게 되었다. 기쁨을 주체하지 못한 탓에 상사에게 인정받아 승진을 했다며 신이 나서 동료들에게 말해버렸다. 그녀는 당연히 동료들이 축하해줄 것이라고 생각했는데 축하는커녕 싸늘한 시선만 돌아왔다.

게다가 평소에 사이가 좋았다고 생각한 동기로부터 '너

는 참 분위기를 못 읽는구나. 그런 눈치로 용케 영업 실적을 올렸네!'라는 말을 듣게 되었다. 그 후부터 회사에 갈 때마다 심한 스트레스를 받았고 몸이 감당할 수 없을 만큼 피로가 누적되어 갔다.

특별히 듣기 싫은 말을 듣거나 따돌림을 받는 것은 아니었으나, 회사 사무실의 문을 여는 순간 간혹 차가운 시선을 느꼈고 회사 사람들에게 인사를 받을 때도 자신에게만 냉랭하게 대하는 기분이 들었다. 그런 시선을 받을 때마다 회사와 사람들에 대한 원망이 쌓였고 회사에 가는 것이 점점 고통스러웠다. 그리고 결국 회사에서 쓰러져 구급차로 실려 가는 지경에 이르렀다.

그래도 다음 날 힘을 내서 회사에 갔지만 사람들이 '저 사람은 쓰러지는 연기를 해서 이목을 끌고 싶을 뿐이야'라며 뒤에서 소곤소곤 얘기하는 것이 귀에 들어왔다. 그 소리를 들은 순간 그녀도 참을성이 한계에 다다라 이제 이런 회사에 더는 있을 수 없다는 생각을 하게 되었다.

여기서 흥미로운 것은 얼굴이 새파랗게 질리며 쓰러졌는데도 불구하고 의사의 진단 결과가 '신체적으로는 별다른 특이 소견은 없다'고 나왔다는 것이다. 그녀는 몸이 축 늘어지고 움직일 수 없을 정도로 힘들었지만 의사가 몸에 이상이 없다고 하니 자신이 아프다고 느끼는 이유가 정말 몸이 아파서가 아니라 자신의 정신력이 약해서라고 생각하게 되었다.

그러나 그녀가 내게 상담을 받기 위해 방문했을 때의 모습은 확연하게 몸 상태가 좋지 않아 보였다. 몸에 이상이 없다면 다른 쪽에 원인이 있을 것이기에 그녀의 이야기를 가만히 들어 보니 곧 원인을 알 수 있었다.

K씨는 그동안 계속 동료들의 질투심에 노출되어 있었고 그 사람들의 감정이 뇌의 네트워크를 통해 전염되어 '신체의 나른함이나 고통을 느끼게 하는 뇌의 부위'를 자극하고 있었다. 그래서 그녀는 몸이 늘어진다거나 몸 상태가 나쁘다고 느꼈던 것이다.

K씨가 질투의 영향을 받아 몸 상태가 나빠졌다는 사실을 쉽게 알 수 있었던 것은 나도 그녀와 똑같은 경험을 한 적이 있었기 때문이다. 나는 영업 사원으로서 어느 한 기업에서 근무한 적이 있었다. 그 일이 적성이 맞았는지 입

사 후 영업 실적이 금세 상위권에 도달했다. 그러자 주변 사원들의 반응이 싸늘해지며 인사를 해도 받아주지 않는 사람이 생기기 시작했다.

당시의 나도 K씨와 마찬가지로 몸이 나른하거나 배가 아프거나 하는 증상이 생기기 시작했고 회사에 가는 것이 꺼려지게 되었다. 그리고 타인의 부정적 감정에 줄곧 노출되다 보니 결국 회사에서 쓰러지고 말았다. 쓰러진 것은 마침 나의 승진 인사가 공고되는 날이었다.

나도 처음에는 내가 정신적으로 약하기 때문에 이런 상태가 되어버린 것은 아닌가 하고 큰 고심에 빠졌다. 그러나 그 후 비슷한 수준의 실적을 올리는 사람들과 함께 근무하게 되자 몸이 나른하거나 어지러워지는 증상 등 몸의 이상이 느껴지지 않아 깜짝 놀랐다. 그렇게나 몸 상태가 좋지 않았는데 근무 환경이 바뀌고 나서는 순식간에 회복되며 활기를 찾아갔다.

그 당시에는 단순히 근무하는 환경이 정말 중요한 것이라고만 생각했는데, 뇌의 작용이라는 점에서 생각하게 된 후로 당시 주변 사람의 부정적 감정이 전염되면서 뇌에 강한 자극을 받아 몸 상태에 이상이 왔다는 것을 알게 되었다. 자신과 비슷한 수준의 실적을 가지고 있는 사람들 사이에 있으면 질투와 같은 부정적 감정에 노출되는 일도 없으므로 몸 상태도 금방 회복되어 갔던 것이다.

K씨의 경우 성실한 성격이었기 때문에 실적이 올라 승진을 하게 된 사실을 동료에게 말한 것이지만 그녀보다 실적이 낮았던 동료들에게는 그것이 자랑처럼 느껴졌기에 그녀를 향해 부정적 감정을 향하게 되었다고 본다.

그녀도 나와 마찬가지로 자신과 비슷한 능력을 갖춘 집단 안에 소속된 후로는 몸 상태가 나빠지는 일이 없었고, 덕분에 실적도 계속 올라 회사에서 중요한 자리를 맡게 되었다고 한다.

타인의 부정적 감정이 나를 초조하게 만든다

이처럼 타인이 내게 직접적으로 싫은 소리를 해오거나 부적절한 주의를 주는 일이 없어도 뇌의 네트워크를 통해 상대의 부정적 감정이 전염되어 뇌에 자극을 받음으로써 충격을 받게 되는 경우가 있다. 한편으로 이유 없는 매도를 당하거나 자신을 헐뜯는 소리를 들으면 정신적인 충격을 입는 경우도 발생한다. 상대방에게서 들은 말이 내내 마음에 걸리며 기분이 상하게 되고 모두 자신이 부족한 인간이기 때문이라는 생각에 빠져들어 삶의 의욕이 떨어진다.

이러한 경우에도 단순히 타인에게 나쁜 말을 들었다고 해서 정신적 충격을 받는 것이 아니라, 상대방의 부정적 감정이 뇌의 네트워크를 타고 전달되어 뇌의 우울한 기분으로 만드는 부위를 자극하였기에 자기 부정에 빠지게 되는 것이다.

부정적 감정의 전염은 뇌의 '죄책감'이나 '초조함'을 발생시키는 부분도 자극한다. 죄책감을 느끼는 부위를 자극하면, '내가 나쁜 짓을 한 건가?' 하고 괴로워하게 된다. 그렇게 되면 살아가기 위해 일을 하고 타인과 경쟁하는 행위에도 죄책감을 느끼게 되며, 저도 모르는 새에 '이렇게 괴로울 거였다면 경쟁하지 않는 게 낫겠어'라고 소극적인 생각을 하게 되는 것이다.

타인의 부정적 감정이 전염되어 '초조함'을 느끼는 부위를 자극하면 항상 마음이 편치 않고 조마조마한 느낌이 든다. 이렇게 항상 초조하여 마음에 여유가 없는 사람은 자신의 삶을 더 나은 방향으로 변화시킬 수 있는 기회가 찾아와도 초조함에 그 기회를 놓쳐버린다.

대부분의 사람은 이런 경우 '자신감이 없기 때문에 기회를 놓치는 거야' 또는 '진득하지 못하니까 성공하지 못하는 거야'라고 생각한다. 즉, '나 자신의 문제'라고 생각하고 있다는 것이다. 하지만 실제로는 타인의 부정적 감정에 전염되어 자신감이 떨어지고, 죄책감과 초조함이 뒤엉키며 기회를 놓쳤던 것이다.

이러한 사실을 주지하지 못하고 그저 자신에게 문제가 있다고 생각하면 점점 사람들의 감정이나 반응을 민감하게 받아들이게 되고 정상적인 삶을 영유하지 못하는 경우까지 생기게 된다.

만약 당신이 갑작스럽게 몸에 이상이 느껴지거나 마음이 항상 불안하고 초조해지기 시작한다면 자신을 책망하기보다는 먼저 주위를 살펴보자. 자신과 갈등이 있는 사람이 있지는 않은가? 그 사람이 당신을 향해 부정적 감정을 전염시키고 있는 것인지도 모른다. 상대와의 갈등을 풀거나 그게 어렵다면 마주치지 않을 수 있는 방법을 찾아보자.

3

인간관계를 망가트리는 부정적 감정의 사슬

부정적 감정의 연쇄가 일어나기 쉬운 고부 관계

부정적 감정의 연쇄는 특히 고부 관계에서 일어나기 쉽다. 시어머니 입장에서 보면 '소중하게 키운 내 아들의 사랑을 빼앗겼어'라는 생각에 며느리를 미워하는 감정이 생겨난다. 그래서 아들이 힘들게 벌어온 돈으로 며느리가 조금이라도 비싼 주방용품을 사거나 하면 '아들이 어떻게 벌어온 돈인데 이런 쓸데없는 것을 사다니!' 하면서 화가 치밀어 오르게 된다. 그리고 "네가 이런 고가의 주방용품을 제대로 다룰 줄은 아니?" 하고 며느리에게 핀잔을 주는 것이다.

시어머니는 '자신이 핀잔을 주고 있다'는 자각이 없다. 오히려 본인은 다정하게 말을 건넸다고 생각하거나 아주 당연한 말을 했다고 생각한다. 그러나 시어머니에게 쓴소리를 들은 며느리는 못마땅한 마음으로 받아들이게 되고 부정적 감정에 전염되어 경직된 태도를 보일 것이다. 그러면 시어머니는 '저런 불량한 태도를 보이다니, 쟤는 정말 버릇이 없어!' 하고 며느리를 미워하는 마음이 더욱 커져 "남편에게 음식은 제대로 만들어 주고 있는 거니? 요새 몸이 수척해 보이던데…"라고 또 며느리에게 잔소리를 퍼붓는다.

며느리는 시어머니의 부정적 감정에 전염되어 감정을 주체하지 못하고 울음을 터트리며 2층으로 뛰어 올라간다. 시어머니 입장에서는 울고 있는 며느리가 한층 더 '약자'로 느껴지게 된다. 그리고 약자에게 내 아들의 사랑을 빼앗겼다는 생각에 더욱더 미워하게 되며 다른 사람들에게 며느리의 험담을 하게 되는 것이다.

억울한 며느리는 남편이 돌아오면 어머니가 자신을 타박한다며 호소하지만 뇌의 네트워크를 통해 며느리의 부정적 감정이 전염된 남편은 순간 감정이 격해져서 아내를 위로해주기는커녕 '어지간히 해라! 피곤에 지쳐 집에 온 거 안 보여!'라며 과격한 말을 내뱉고 만다. 남편은 '이러던 게 아닌데…'라며 속으로 뜨끔하지만, 때는 이미 늦었다.

이번에는 며느리의 머릿속에서 '옆집보다 연봉도 적게 받으면서 피곤하다느니, 물색없는 말이나 해대고!' 하는 생각이 들면서 남편을 미워하는 감정이 머리를 지배하게 되어 "기분 나쁜 마마보이야" "내 기분은 안중에도 없는 못된 인간 같으니!" 등의 과격한 언행을 내던지게 된다. 남편도 감정을 주체하지 못해 "나보다 더 벌어오지도 못하면서 시건방진 말 하지 마!" 하며 부부 싸움이 시작된다.

밤늦게까지 싸운 두 사람은 정신적으로나 신체적으로 모두 피폐해지고, 아내와 싸워 신경이 곤두세워진 남편은 다음 날 회사에 출근해서 자신의 부하에게 이유 없는 화풀이를 하게 된다.

이런 부정적 감정의 연쇄는 우리 생활 속에서 흔히 볼 수 있다. 한 사람이 부정적 감정을 해소하지 못하면 자신보다 사회적 지위가 낮은 약자에게 화풀이를 하게 되고 그 감정이 전염되어 같은 일이 반복되는 것이다. 대부분 자신이 화풀이를 하고 있음을 인식하지 못하고 있는 경우가 많고, 옳지 않은 일을 하고 있음을 인식하고 있더라도 자신의 행동을 제어하지 못한다.

남편의 질투로 돈이 모이지 않는다

S씨는 남편보다 수입이 많아져서 행복한 기분을 느끼고 있었다. 그러나 수입이 늘었음에도 어째서인지 돈이 모이지 않고 오히려 모아 두었던 돈마저 점점 줄어들고 있음을 알게 되었다. 정말이지 이유를 알 수 없었다. 정신을 차리고 보니 가계 관리가 전혀 되지 않고 있었으며 어느새 카드 할부금이 엄청나게 쌓여 있어서 경악을 금치 못했다. 그래서 남편에게 상의를 한 후 가계 관리를 모두 남편에게 일임

하게 되었다.

S씨가 돈을 모으지 못하게 된 것은 남편이 '자신보다 월급이 높다'라는 사실을 알게 되자 S씨에게 부정적 감정을 품게 되었고 그 감정이 뇌의 네트워크를 통해 그녀에게 전염되어 뇌를 자극해 가계 관리를 제대로 하지 못하게 되었기 때문이었다. 그러나 당시 이러한 이유에 대해서는 누구도 알지 못했고, 그녀의 비이성적인 소비는 나날이 심해져 갔다. 남편에게 가계를 일임했음에도 나아지는 것이 없자 S씨는 내게 상담을 받으러 왔다.

본래 저축 계획을 잘 세우고 그에 맞춰 돈을 잘 모아 왔던 S씨가 갑자기 낭비를 하게 된 원인은 사실 남편에게 있었다. 남편은 아내보다 수입이 적어지자 자신이 경제적으로 무능력하다고 느끼게 되었고, 내심 자신보다 사회적 위치가 낮다고 생각했던 아내가 자신보다 더 인정받고 돈도 많이 번다는 사실에 질투심을 느꼈던 것이다. 그리고 그 감정이 아내에게 전염되어 이성보다는 감정적이 앞서도록 뇌를 자극하였기에 아내는 올바른 판단을 하지 못하고 충동적인 지출을 반복하였던 것이다.

그녀는 상담을 통해 지금껏 낭비를 해왔던 일이 남편의 질투로 인해 부정적 감정이 전염되었기 때문임을 알게 되었고 그제야 지금까지의 자신의 행동을 객관적으로 바라볼 수 있었다.

질투심이 부른 부정적 감정의 연쇄

이런 경우도 있다. M씨는 도시락 가게를 운영하는 집안의 남자와 결혼하였다. 결혼 후 곧 아이가 태어나 한동안은 육아에 전념하였으나 아이가 어린이집에 들어가게 되자 다시 일을 하고 싶다는 생각이 들었다. 남편에게 상의를 하니 '그럼 우리 가게에서 일하는 게 어때?'라고 하여 도시락 가게에서 함께 일을 시작하게 되었다.

그때까지는 시어머니와 남편이 함께 가게를 열심히 꾸려 오고 있던 곳이었지만 M씨가 보기에는 가게의 일하는 방식이 매우 비효율적이었다. 아르바이트 직원도 효율적으로 운용하지 못하여 인건비 손실이 발생하고 있었고, 재

료비도 검토해 보니 낭비가 많다는 사실을 알 수 있었다.

M씨는 최선을 다해 여러 가지 면에서 개선책을 찾아 나갔다. 그 덕에 아르바이트 직원들의 운용이 원활하게 돌아가게 되었고, 매출도 하루하루 상승했다. '자, 지금부터 시작이야' 하며 더 활기차게 일하려고 했으나, 어느 순간부터 괜히 신경이 예민해지고 조바심이 나기 시작했다. 결국 여유 부리며 일하고 있는 시어머니의 모습이 얄밉게 느껴져 큰소리를 내고 말았다. 남편에게 이야기해도 내 편이 되어주지는 않았다. 섭섭한 마음은 부부 싸움으로 번지며 기껏 성공 궤도에 올려놓은 가게의 일을 내팽개치고 말았다.

적극적으로 가게를 개선해 가던 그녀가 조바심이 생기고 의욕을 잃게 된 이유는 시어머니에게 있었다. M씨의 시어머니는 '오랜 세월 자신이 꾸려온 가게인데, 옆에서 치고 들어온 며느리가 자신보다 매출을 더 올리다니…'라며 그 사실을 인정하고 싶지 않았고, 그런 시어머니의 부정적 감정이 M씨에게 전달되어 악영향을 끼치고 있었던 것이다.

M씨의 시어머니는 언뜻 보면 침착하고 이해심이 깊은 분처럼 보였으나 은근히 며느리를 질투하고 있었다. 그래

서 자신도 모르게 "남편 내조도 제대로 하지 못하면서 일에는 잘도 참견하는구나" 하며 코웃음을 치며 독설을 내뱉었다. 평소에는 그런 말을 하는 사람이 아니기 때문에, M씨가 남편에게 '당신 어머니가 내게 이렇게 심한 말씀을 하시더라'라며 울면서 호소해도 '어? 우리 어머니는 그런 말씀을 하시는 분이 아닌데…'라고 생각하고 있었기에 M씨를 이해하지 못했다. 확인을 하기 위해 남편이 어머니에게 "그런 말씀을 하셨어요?" 하고 물어도, "난 그런 말을 하지 않았다! 네 처는 왜 사람을 이상하게 몰아간다니!"라고 답변하여 며느리만 나쁜 사람이 되어버렸다.

사람은 자신이 원하는 것만 기억하려는 경향이 있다. 그래서 자신에게 불리한 일은 기억하지 못하는 경우가 종종 있다. M씨와 시어머니 또한 자신이 공격적인 말을 했던 기억은 잊어버리고 상대방에게서 들은 것만 기억에 남기 때문에 '나만 억울한 일을 당했어'라는 상황이 되는 것이다.

웃어른의 질투가 미치는 영향

나는 어린 시절, '선생님은 모두에게 평등하다'라고 생각했다. 그러나 실제로는 평등해야 할 교사도 학생에 따라서 응대하는 데 차이가 있었다. 선생님도 사람이니 말 잘 듣고 착한 아이는 예뻐하고 말 안 듣고 말썽만 부리는 아이는 미워하게 될 것이다. 하지만 이를 넘어 아이를 질투하는 감정을 지니게 되는 경우도 있다. 학생이 말대답을 한 것을 계기로 '어린 녀석이 주제넘은 말을 하다니'라며 괘씸하고 얄밉게 느껴지는 것이다.

초등학생 때 '선생님! 지금 설명으로는 이해가 되지 않습니다'라고 질문을 한 적이 있었다. 다른 학생이 이와 똑같이 말했을 때 선생님은 웃으면서 대답을 하였으나, 내가 질문을 했을 때는 유독 화를 내시며, '뭐라고 하는 거야, 이 녀석! 선생을 우습게 보는 거냐' 하고 의자를 내동댕이치며 화를 내셨다.

지금은 그때의 일을 웃으면서 얘기하지만 그 당시에는 '대체 왜 그러시지?' 하고 납득하지 못했었다. 그리고 선생님의 반응에 충격을 받고 '공부를 하지 않는' 불합리한 행동을 취하게 되었다. 그러나 자신이 하고 있는 행동이 잘못되었다는 자각은 전혀 없었다. 어른들은 '선생님에게 반항하려고 공부를 하지 않는다'고 받아들였지만, 내게 그런 의도는 전혀 없었다. 단지 공부를 할 수 없게 되었을 뿐이다.

상대는 선생님이다. 일반적이라면 학생을 상대로 질투를 느낀다는 것은 좀처럼 상상할 수 없는 것이지만, 사람의 감정이란 복잡하다. 나와 사회적 지위의 격차가 너무나 커서 결코 나를 질투하지 않을 것 같은 사람에게도 질투를 받는 경우가 있다.

성인이 된 후 어느 저명인사 밑에서 일을 하게 되었고 앞으로 더욱 실력을 키워나가려는 의욕에 가득 차 있었다. 그리고 매출도 상승하여 '이만큼 최선을 다했으니 월급을 확 올려줬으면 좋겠는데…' 하고 기대하고 있는데, 회의 자리에서 저명인사가 '자네는 그저 돈을 벌려고 이 일을 하는 건가?'라며 나무라셨고, 나는 모두의 앞에서 창피를 당했다. 이에 큰 충격을 받아 그때부터 내가 하고 싶은 일과 마주 볼 수 없게 되었다.

지금이라면 질투심이 그 저명인사의 뇌를 자극하여 공격적인 말을 내뱉은 것이라고 생각하겠지만 그 당시에는 사회적 위치로 보나 능력으로 보나 그가 내게 질투를 한다는 것은 상상할 수조차 없는 일이었다.

겉보기로는 질투하는 것처럼 보이지 않아서 '왜 저런 말씀을 하시는 거지? 내가 무엇을 잘못한 걸까?' 하고 의아해졌고 줄곧 내가 잘못한 것이라며 스스로를 질책했다. 그리고 나는 그때부터 좋은 기회를 하나둘씩 놓쳐버렸다.

일반적으로 자신보다 사회적 위치가 높은 사람이 질투할 리가 없다고 생각하지만 사실 꼭 그렇지만도 않다. '이 사람이 내게 질투를 할 리가 없어'라고 생각되는 위치에 있는 사람이 알고 보면 내게 질투를 하는 경우가 종종 있다. 그런 사람이 질투를 해서 내게 위협이 되는 행동을 하면 '나를 나락에 빠트리려고 하는 건가?' 하고 생각하지만 질투심에 충동적으로 일을 저지르는 경우가 많고 대부분은 자신이 어떤 일을 저질렀는지조차 인식하지 못한다.

⁝ 상사의 질투로 업무를 그르치다

앞에서도 언급했듯이 부정적 감정은 뇌의 네트워크를 통해 전염된다. 그리고 상대의 감정이 나의 뇌를 자극하면 나 자신도 상대방과 마찬가지로 비이성적인 행동을 할 수 있다. 자신이 누군가에게 질투를 느끼지 않아도, 내가 어떤 사람의 질투를 받음으로써 비이성적인 행동을 하게 된다는 것이다.

B씨는 최근 회사의 큰 프로젝트를 성공적으로 마무리 지어 앞으로는 연봉도 오를 것이라는 기대에 부풀어 있었다. 그런데 그런 모습을 지켜보던 상사가 그를 질투하기 시작했다. 상사가 보기에 자신보다 능력도 없고 대단한 일을 하는 것도 아닌데 B씨가 회사에서 인정을 받아 연봉이 오른다는 사실을 도저히 용납할 수 없었던 것이다.

이때 상사가 B씨에게 불만을 직접적으로 표출하지는 않았다. 하지만 뇌의 네트워크를 통해 상사의 부정적 생각이 그에게 전염되어 불안을 관장하는 뇌 부위를 자극하였고, 충분히 확인하고 마무리했던 일에도 불안감을 느끼게 되어 다시 검토하느라고 시간을 낭비하게 된다. 특별히 잘못된 곳이 없음에도 불구하고 불안감 때문에 몇 번이고 다시 작업을 하는 문제가 생기게 되는 것이다.

이것은 평소 자신이 좋아하는 사람이 한 일에 대해서는 어떠한 일이라도 잘했다고 하며 관대하게 바라보는 것과 달리 그다지 좋아하지 않는 사람이 이와 동일한 일을 했을 때는 일을 이따위로 하냐며 무조건 잘못을 짚고 나서는 것과 같다.

그래서 뇌를 통해 부정적 감정을 전달받게 되면 조금 전까지만 해도 업무를 훌륭하게 마쳤다고 생각했던 것이 '이건 아니야! 현재 상태로는 부족한 점이 많아'라며 이미 끝낸 일을 다시 검토하고 결국 수정을 가하게 된다. 이미 마무리 지은 일의 한 부분을 변경하다 보면 전체적인 내용이 점차 무너지게 되고, 기껏 완성한 일이 헛수고가 된다.

객관적으로 내용의 문제점을 바라보는 것이 아니라 타인의 감정이 전염되어 무조건 안 좋은 방향으로 생각하게 되었기 때문이다. 검토하면 할수록 잘못된 곳이 많다고 착각하게 되며 자신감도 점점 사라지고 만다.

해당 업무에 대한 자신이 없는 상태에서 상사에게 보고하게 되면 상사는 일도 못하는 녀석이 돈만 받아 간다고 생각하여 이전보다 더 감정적으로 변해 온갖 지적을 하게 된다. B씨는 상사의 지적에 상처를 받고 자신감은 더욱 하락하여 같은 실수를 반복하게 되고 다시 상사의 지적을 받는 악순환이 계속된다.

그리고 상사로부터 잘못을 지적받은 후에, 동료가 히죽히죽 웃고 있으면 '이 녀석은 자기 일도 제대로 못하는 주제에 웃어 대기는!' 하며, 타인에게 신경질적으로 대하게 된다. 그래서 얄미운 동료의 의자에 일부러 부딪히거나 동료의 서류를 떨어트리는 등 소심한 보복을 계속하고, 그런 자신의 행동을 되돌아볼 때면 '나는 참 못난 놈이야' 하며 후회감에 빠진다.

질투처럼 강렬한 부정적 감정은 상대방에게 전염되어 비이성적인 행동을 일삼게 한다. 더군다나 감정은 쉽게 전염되기 때문에 연쇄 작용이 일어나고 직장 전체로 부정적 감정이 전염되어 회사 전체의 분위기가 안 좋은 방향으로 흘러가게 만든다. 개인의 문제가 회사 전체의 문제로 진행되는 것이다. 부정적 감정의 연쇄는 이토록 무서운 것이다.

부정적 감정의 연쇄는 강자에게서 약자에게 이어지며 인간관계를 파괴하는 온갖 해로운 일을 불러온다. 특히 감정의 전염이 일어나기 쉬운 관계에서는 감정을 조절하는 방법을 배워 서로의 감정에 휘둘리지 않도록 하는 것이 중요하다.

상대의 감정에 휘둘리지 않고 자신에게 어떤 감정을 품고 있는지 객관적으로 바라봐야 응어리진 마음을 풀고 서로가 가진 문제를 해결할 수 있다.

4

불리한 기억은 잊어버리는 인간의 습성

강한 스트레스는 기억을 왜곡시킨다

감정이 격해져서 충동적인 행동을 해놓고는 당사자가 그 당시의 기억을 잃어버리는 신기한 현상이 일어날 때가 있다. 흔히 '기억이 날아갔다'는 말을 하는데, '돈이 없다'든가 '손해를 봤다'는 것을 계기로 감정이 격해지면 뇌의 기억을 정리하는 부위(해마 등)를 자극하여 기억이 부정확해지는 현상이 일어난다. 그러면 자신이 돈을 어디에 썼는지 잊어버리게 되는 것이다.

이해하기 쉬운 예를 들어보겠다. 약속 시간에 늦어서 서둘러 나가다가 핸드폰을 두고 나오거나 지갑을 두고 나오는 등의 경험을 아마 해봤을 것이다. 대부분 이런 실수를 저지르는 사람은 한 번만 하는 게 아니라 같은 실수를 반복하기 마련이다. 단순히 실수라고 생각하겠지만 사실 이것은 서두르려는 감정에 기억을 정리하는 뇌의 부위가 자극을 받아 기억이 흐트러지기 때문이라고 유추할 수 있다.

이것이 돈과 관련된 문제일 경우에는 기억이 흐려진 상태이므로 낭비를 하더라도 '쓸데없는 데 돈을 썼다'는 생각을 하지 못한다. 설령 '쓸데없는 소비'라는 것을 인지하였다 하더라도 바보 같은 짓을 했다며 자책하는 감정이 뇌를 자극하여 다시 실수를 반복하게 된다. 결국 자신이 어디에 돈을 썼는지 제대로 인식하지 못한 상태로 무의미한 소비를 계속하게 된다.

‘불리한 상황은 잊어버리는’ 메커니즘

사람은 자신에게 불리한 상황은 잊어버리는 특징이 있다. 상대방으로부터 심한 말을 들은 다음 날 ‘왜 그런 말을 한 거야!’라고 따져봐도 상대방은 아무것도 모른다는 태연한 표정으로 ‘어? 내가 그런 말을 했던가?’ 하며 어리둥절한 표정을 짓는다. 그러면 괜히 자신만 화가 치밀게 되고 분노가 쉬이 가라앉지 않는다.

보통은 바로 어제 한 말이 기억나지 않는다고 하면 거짓말을 하는 것이라고 생각하겠지만, 사실 본인은 정말로 기억하지 못하는 것이다. 이런 현상이 일어나는 이유는 사람은 자신에게 불리한 기억은 잊으려는 경향이 있기 때문이다. 상대방에게 마음의 상처를 많이 입혔더라도 그 사실이 자신에게 불리하다고 판단하면 잊어버리려는 방어기제가 작용한다.

서로 언쟁을 벌였다고 하더라도 시간이 지나면 상대로부터 험한 말을 들은 것에 대해서는 기억을 하지만 감정에 휩싸여 과격한 행동을 했던 자신의 모습은 전부 잊어버리고 만다. 불리한 상황은 잊어버리고 자신에게 유리한 쪽으로 사고한다.

이런 현상은 돈을 잘 모으지 못하는 사람을 통해서도 볼 수 있다. 이런 사람들은 할인하는 상품을 보면 '할인 기간에 사 두지 않으면 분명 손해야!' 하는 마음에 계획에도 없던 물건을 충동적으로 구매해버린다. 그러고는 얼마 후에 지갑을 들여다보고서 '어라? 왜 이렇게 돈이 없지?' 하고 돈을 써 버린 것은 기억하지 못한다.

영수증을 확인하고 나서야 '아! 그때 그걸 샀었지!' 하고 기억을 떠올린다. '저축을 못 했으니 한동안은 돈을 아껴야 해'라고 생각해도 자꾸 돈을 썼던 기억을 잊어버려서 절약을 하지 못한다. '까짓 다음 달부터 저축하면 되지!' 하고 다짐하지만, 스트레스를 해소하는 방법으로 또다시 충동적 소비를 하는 잘못을 반복한다. 그리고 잘못된 소비를 반복하는 일이 하나의 습관처럼 변하게 된다.

돈을 잘 모으지 못하는 사람의 대부분은 돈을 썼던 걸 잊어버린다는 사실에 대해 자각하지 못한다. 돈을 낭비했다는 사실이 스트레스를 주기 때문에 죄책감을 회피하기 위해 '돈을 쓴 일' 자체를 잊으려고 하는 것이다. 충분히 돈을 벌고 있는데도 돈이 모이지 않는다면 당신도 스트레스에서 도망치고 있는 것인지 모른다. 하지만 자신에게 불리하다고 해서 언제까지나 현실을 바라보지 않고 회피만 해서는 아무런 문제도 해결되지 않는다.

지구를 구하는 히어로가 가져오는 손실

어렸을 적에 히어로가 나오는 TV 프로그램을 좋아하여 자주 보곤 하였다. 커다란 괴물이 출몰하여 도시의 빌딩들을 마구 때려 부숴버린다. 히어로는 괴물만큼이나 거대한 모습으로 변신하여 싸움을 시작한다. 히어로는 괴물을 때려눕히기 위해 온갖 괴력을 쏟아붓는데, 싸우는 과정에서 수많은 자동차를 짓밟아 버리고 괴물을 던져 빌딩을 무너트리는 일이 수없이 일어난다.

나는 그것을 보면서 '아아~ 이 히어로는 또 빌딩을 부숴버렸구나! 도대체 얼마의 손해를 끼친 거야?' 하는 생각에 히어로가 일으키는 참상(?)을 계속 지켜보기 힘들었다. 물론 히어로가 없으면 TV 속 세상은 멸망해버릴지도 모른다. 여기서 히어로가 잘못된 행동을 하고 있다고 말하고 싶은 것은 아니다.

자신이 옳다고 생각하는 하나의 일에 집중하다가 주변에 잘못을 저지르는 것을 인식하지 못하는 경우가 있음을 말하고 싶은 것이다. 사람은 사고의 시야가 좁아지면 자신이 잘못했음에도 그것을 인정하지 않으려 하고, 때로는 잘못이라는 것조차 인식하지 못할 때가 있다. 이 같은 사고 방식에서 빠져나올 수 없는 것 또한 사람의 감정이 뇌를 자극하기 때문이다.

사람은 어떠한 경제적 손실을 입고 자신이 피해를 봤다고 생각한 순간 부정적 감정이 뇌에 자극을 가한다. 예를 들어 세일을 하는 TV를 보면 '가족을 위해서 TV가 저렴할 때 사놔야 해'라는 생각이 들면서 똥 마려운 강아지처럼 조바심이 난다. 머릿속은 온통 '지금 사지 않으면 손해야'라는 생각으로 가득 차서 '구입했을 때의 경제적 손해'까지는 생각하지 못하게 된다.

뇌에 자극이 가해진 순간에는 자신은 꼭 해야만 하는 일을 했다는 절대적인 자신감을 가지게 된다. 하지만 주위 사람들은 왜 저런 비합리적인 행동을 하는 것인지 이해하지 못한다. 이것은 마치 눈앞에 있는 괴물을 쓰러트리기 위해 전력을 다하다 보니 주변을 전혀 살피지 못하는 히어로와 흡사한 상황이다.

주위의 피해를 생각지 못하고 필사적으로 싸운 뒤 도시가 너덜너덜한 폐허로 바뀌듯이, 반드시 해야만 하는 일을 했다고 생각한 것이 통장을 텅텅 비게 만드는 상황을 가져오는 것이다.

이런 경우는 또 있다. 부부 싸움을 할 때도 심한 말을 해서 상대의 마음을 다치게 했다는 자각을 느끼지 못한다. 부모님의 다툼을 바라보는 아이가 두려움에 떨고 있는 것을 알아도 '남편에게 지금 확실하게 알려주는 것이 곧 우리 집을 위한 길이야!'라며 육아에 미치는 영향 따위는 생각하지 못하게 된다.

자신의 행동이 무조건 옳다는 생각에 빠진 사람들은 '당신에게 좋을 거라고 생각해서'였다든가 '가족을 위해서야!'라는 식으로 마치 히어로라도 된 듯 자신만의 정의감에 가득 차 있다. 그러나 이러한 태도는 자신이 옳다는 구실을 방패 삼아 폭언을 내뱉고 상대방의 마음을 다치게 하는 결과를 초래한다. 때문에 독선에 빠진 사람들은 자신은 올바른 행동을 하고 있다고 생각하지만, 사실 스스로 인간관계를 파괴하고 있는 것이다.

'친한 사람에게는 돈을 빌리지도 빌려주지도 말라'는 말이 있다. 이는 돈으로 인해 서로 감정을 상하게 되는 일이 많기 때문이다. 빌린 쪽도 빌려준 쪽도 '나는 옳다'라고 생각하며 거만해지게 된다. 그리하여 곧 상대의 기분을 짓밟는 행동을 하게 되며, 인간관계를 파괴해버린다. 그래도 자신의 행동이 옳다고 생각하기 때문에 자신과 대척하는 사람은 '자신에게 피해를 주는 적'으로 인식한다.

특히 '유산 상속 문제'에서 이런 모습을 자주 볼 수 있다.

유산 상속이 관계되면 사람들은 이성보다는 감정(욕심)이 머리를 지배해 서로가 자신이 유산을 더 많이 가져가는 것이 옳다며 자기주장만 펼친다.

유산을 한 푼이라도 더 받기 위해 형제 사이에서도 자기 입장만 내세워 형제 관계를 무너트리고 상대방을 원수처럼 바라보게 된다. 그리고 이러한 감정의 골은 뇌에 자극을 가해 이성적 판단을 흐리게 만들고 점점 관계를 악화시키게 되는 것이다.

사람은 독선에 빠지면 자신이 옳다고 생각하는 것만을 극도로 신뢰하게 된다. 하지만 그것은 착각이다. 정확한 사실을 근거로 이성적 판단을 내리지 못하고 오직 자신의 직감만을 믿기 때문이다. 그러므로 '무조건 자신이 옳다'는 생각이 들 때일수록 자신의 모습을 되돌아보고 확신을 의심해 봐야 한다. 어쩌면 내가 옳다고 생각했던 일들이 잘못된 일일 수 있다.

인간은 감정적인 동물이다. 그렇기 때문에 그릇된 판단을 하게 되는 경우가 적지 않다. 누구나 자신의 확신에 의심을 가져야 한다. 인간은 감정적이라는 사실을 인정하고 자신이 옳다고 믿는 것이 틀렸을 수도 있다는 사실을 겸허히 인정하면 독선에서 벗어날 수 있다. 마음을 가라앉히고 주변 사람과 소통하라. 상대와 이야기를 나누어 보면 자신이 어떤 행동을 하고 있었는지 객관적으로 바라볼 수 있게 될 것이다.

3장

잠시만요,
최소한의 선은 지켜주세요

1

사소한 감정에 흔들갑 떨지 않겠습니다

오해를 풀려고 할수록 오해가 깊어진다

타인의 부정적 감정이 나에게 전염되면 비참하고 절망적인 기분이 들게 된다. '나는 가치 없는 인간'이라고 느끼게 되며 비이성적인 행동이 멈추지 않고 지금까지의 생활을 망가트리는 악순환에 빠진다.

나는 어린 시절부터 타인이 내게 나쁜 감정을 갖고 있는 것을 빨리 감지했다. 그러나 당시에는 나쁜 감정을 갖게 되는 메커니즘에 대한 지식이 전혀 없었으므로 '무언가 오해가 있는 거야. 나는 너에게 미움받을 만한 일을 하지 않았어'라며 성의를 다해 오해를 풀려고 했다. 지금 생각해보면 그저 상대방의 감정에 휘둘려서 미움받지 않으려고 필사적이었던 것 같다.

그러나 상대에게 오해가 있기 때문이라며 저자세를 보일수록 상황은 더욱 나빠져 갔다. 상대의 오해를 풀기 위해 초라한 자신의 민낯을 보여준 것이 상대에게 자신보다 아랫사람이라고 인식하게 한다. 그런데 아랫사람이라고 인식하고 있던 사람이 자기보다 더 좋은 대우를 받으면 그 사실이 잘못되었다고 생각하게 되는 것이다. 이처럼 상대방의 부정적 감정을 멈추려는 행위 자체가 상대의 감정을 더욱 자극해버리는 것이다.

부정적 감정이 격해지면 비이성적인 행동을 하게 되고 오해를 풀려고 하면 '핑계를 대는 녀석은 최악이야' 하며 더욱 공격적으로 반응한다. 이런 상황이 반복되면 '나는 상대의 마음도 알아주지 못하는 사람인가?' 하는 생각과 함께 자기긍정감이 조금씩 떨어지게 되며 나는 아무도 상대해

주지 않는 무가치한 사람이라는 생각이 머릿속에 정착되어 버린다. 이로 인해 삶의 의욕이 떨어지고 일상생활에도 지장이 생긴다.

아마 당시의 나는 무의식중에 '누군가 한 사람에게 미움을 받으면 모든 사람들이 날 싫어하게 될 거야'라는 두려움 때문에 어떻게든 미움받지 않는 상황을 만들려고 했었던 것 같다. 그러나 자신을 낮추는 행위는 좋은 해결책이라고 할 수 없다. 노력을 해서 다른 사람들보다 인정받으면 나보다 자신이 더 낫다고 생각하던 주위 사람으로부터 질투를 받게 되기 때문이다.

그리고 그런 그들의 반응에 '나는 이렇게 가난하고 초라한데, 나의 어떤 점에 질투를 하는 거지?' 하고 이상하게 생각하지만, 주위 사람의 질투가 거세짐에 따라 나는 점점 정상적인 사고를 하기 힘들어지게 되었다.

사람은 누구나 반항심을 가지고 있다. 내가 상대방의 마음을 돌리려고 애쓴다고 해도 그 행동이 오히려 상대방에게는 자신을 억지로 변화시키려 하고 억압하려는 것으로 느껴져 무조건 나의 의견을 반대하고 미워하게 된다.

타인의 부정적 감정에 반응하지 않기

일상생활을 하면서 자신의 사회적 위치가 상대방보다 높거나 상대방보다 낮다는 것을 의식하는 일은 그다지 많지 않다고 생각한다. 그러나 왠지 하는 일이 잘 되지 않거나, 저축을 열심히 하는 것 같은데도 돈이 모이지 않는 경우가 있는 사람은 사회적 위치가 타인보다 낮다는 인식을 가지고 있을 수 있으며 타인의 감정에 자신의 행동이 좌지우지되는 습관이 자기도 모르는 새에 몸에 배어 있을 가능성이 있다.

그렇다면 어떻게 하면 타인의 감정에 휘둘리지 않고 살아갈 수 있을까? 타인의 부정적 감정을 멈추기 위해 반응을 보이면 오히려 더욱 강한 감정의 화살이 날아온다. 그러므로 타인의 감정에 휘둘리지 않기 위해서는 상대방의 감정을 멈추려 하지 말고 그냥 내버려 둬야 한다. 상대방의 감정에 반응하지 않으면 오히려 타인의 부정적 감정이 전염되지 않는다.

B씨는 직장에서 모든 동료와 두루두루 친하게 지내고

싶은 마음에 자신을 낮추는 겸허한 태도로 사람을 대했다. 하지만 사람들은 하나 같이 냉정한 반응만 보였다. 업무 중에 같은 실수를 한 다른 동료는 주의를 받지 않았는데 B씨는 상사에게 따끔하게 주의를 받았다. 이런 부당한 대우에 B씨는 비참한 기분을 느꼈다.

이러한 일들을 겪으며 '내 인생은 어디부터 잘못된 것일까?' 하는 고민에 빠졌고, 심한 스트레스를 받아 의욕을 잃고 있었다. 그래서 무언가를 수집하는 취미에 몰두하게 되었다. 그리고 점점 취미에 돈을 쏟아부었고, 재정적으로 힘든 상황이 되자 더욱 심신이 불안해졌다.

불안해지면 질수록 직장 동료들에게 계속 매정하게 내몰리게 되었다. 자신이 어떤 사람인지 더 알아주길 바라며 다른 사람들과 동등한 대우를 받고자 최선을 다해 노력하지만 직장에서 느끼는 비참함은 더욱 커지기만 할 뿐이었다.

그에게 어떤 문제가 있었던 것일까? 그는 타인의 감정에 민감했고 항상 신경을 곤두세우고 있었다. 그래서 적을 만들지 않고 모두와 함께 잘 지내기 위해 자신을 낮추는 태도를 견지했는데, 사실 그런 태도가 문제였다.

적을 만들지 않기 위해 자신을 낮추었던 모습이 다른 사람들에게는 '일을 못하는 사람' '항상 힘들다고 투정하는 사람'으로 비치고 있었다. 그래서 같은 실수를 해도 상사에게 더 타박을 받았고, 변명하거나 부당함을 표출할수록 상황이 악화되었던 것이다.

상대방의 감정에 예민하게 반응할수록 문제가 더 커진다는 것을 알게 된 그는 다른 사람이 부정적 감정을 부딪쳐오더라도 반응하지 않기로 하였다.

여느 때처럼 상사에게 대수롭지 않은 일로 주의를 받았을 때 평소였다면 무언가 핑계를 대거나 자신의 잘못이 아니라며 변명을 했겠지만 그로 인해 상대방 또한 더욱 감정이 격해진다는 것을 알았기에 순순히 '네, 죄송합니다'라고 우선 사과를 했다. 그러자 상사는 평소와 다른 반응에 의외라는 시선을 보냈다. 변명을 하며 상대방을 억지로 이해시키려 하는 것은 역효과를 부를 수 있다. 우선은 잘못을 인정하고 앞으로 이런 일이 없도록 하겠다고 사과하는 것이 낫다.

이러한 상황이 여러 번 거듭되자 주변 사람들의 태도에

변화가 생겼다. 이전에는 업무적으로 도움을 요청하는 사람이 전혀 없었는데 그의 태도가 변한 이후로는 점점 도움을 요청하고 그를 인정해주는 사람이 많아졌다. 그는 점점 회사생활에 자신감이 붙기 시작했다.

그 후에도 그는 불쾌한 일이 생기더라도 타인의 감정에 예민하게 반응하지 않음으로써 자신이 바라던 적을 만들지 않고 주변 사람들과 원만한 관계를 이룰 수 있었다. 더불어 회사생활에 자신감이 생기고 일이 재밌어지자 일종의 도피처였던 수집 취미도 그만두게 되어 재정적으로도 안정이 되었으며 마음에 여유가 찾아왔다.

그는 타인의 감정에 예민하게 반응하여 얕보이거나 평가절하당했다. 주변을 너무 신경 쓰다가 '나'라는 존재를 잃어버렸던 것이다. 타인이 부정적 감정을 부딪쳐올 것을 두려워하지 말고, 그저 흘려보내라. 당신이 반응하지 않으면 상대의 감정도 갈 곳을 잃어 금방 진정될 것이다.

2

친구들이 나만 빼고 대화하는 것처럼 느껴질 때

❖ 소외감 때문에 비이성적 행동을 하게 된다

나는 부정적 감정을 가지는 것이 내게 이롭지 못하다는 것을 알았지만, 친구들이 나만 빼고 사이좋게 이야기를 나누는 것을 볼 때면 나도 모르게 친구들이 미워져서 매우 감정적으로 행동할 때가 있었다. 친구들에게 갑자기 싸늘한 태도를 취하거나 분위기를 흐리는 행동을 하는 것이다. 내가 분위기를 망치고 있다는 사실을 알고 있지만 자신의 감정을 컨트롤할 수 없었다.

나를 제외한 친구들끼리 사이좋게 이야기하는 모습에 소외감을 느끼게 된 나는 '나만 왕따야' 또는 '내 마음을 몰라주는 나쁜 친구들'이라는 불쾌한 생각들로 머릿속이 가득 차서 불안함과 분노가 잦아들지 않게 됐다. 그리고 나는 이렇게 마음이 아픈데 '저 녀석들은 마냥 즐거워 보이네'라는 생각이 들면서 부정적인 감정에 빠지고 있었던 것이다. 이렇게 부정적 감정이 커져서 비이성적 행동을 하게 될 때는 부정적 감정을 품게 된 원인이 무엇인지를 파악하는 것이 매우 중요하다.

'상대방이 자신 이외의 친구와 사이좋게 지내는' 것을 계기로 부정적 감정이 생겨난 경우 '친구가 나를 배신했다'는 생각이 머릿속에 자리 잡게 된다. 그리고 그 친구의 의도가 나를 업신여기고 바보 취급하기 위해서라고 생각하며 부정적 감정은 더욱 커져 간다.

그러나 실제로 상대방의 이야기를 잘 들어 보면 내가 생각하고 있던 것과는 다르다는 것을 알 수 있다. 친구 또한 '네가 상대해 주지 않아서 서운했어'라든가 '네가 나를 무시하고 있다고 느껴졌다'는 것이다. 나는 나 자신만 소외감을 느끼고 있을 것으로 생각하였으나, 친구도 마찬가지로 소외감을 느끼고 있었다. 이렇게 친구의 마음을 알게 되자 내 안에서 무엇인가가 타협이 되며 마음이 진정되었다.

친구에게 외면을 당하거나 모임에 나갔는데 없는 사람 취급을 당해 기분이 상했을 때는 무작정 화를 내기보다는 상대방이 왜 그런 행동을 했는지 생각해보자. 상대방도 고독하다는 사실을 인지하면 화가 가라앉고 객관적으로 상황을 살펴볼 수 있게 된다.

외로워서 딸에게 잔소리를 하게 된 어머니

J씨는 아침에 출근하려고 하는데 어머니가 '일 끝나고 돌아오면 빨래 좀 개켜 둬라' 하고 말하자 '전업주부인 엄마가 하면 될 것을 왜 회사 일로 바쁜 나한테 하라는 거야' 하는 생각에 갑자기 화가 치밀어 올랐다. "엄마는 맨날 집에 있으니까 엄마가 개켜 주면 되잖아!" 하며 화가 나 소리

를 질렀고, 어머니도 "너도 이제 어린 나이가 아니니까 네 일은 스스로 해라"라며 되받아치셨다. 그리고 J씨는 "엄마는 일해 본 적이 없으니까, 일하는 게 얼마나 힘든 건지 모를 거야!"라고 외치며 문을 있는 힘껏 '쿵'하고 닫으며 집을 나섰다.

'엄마는 너무해 내가 고생해서 일하는데 위로는 해주지 못할망정 나를 더 힘들게 하다니'라며 배신당한 기분에 현기증이 나서 직장에서도 일에 집중할 수 없게 된다. '그런 사람과 함께 살고 싶지 않아'라는 생각이 들어 회사 컴퓨터로 아파트 물건을 검색해 보고는 집세는 어떻게 할지 고민하게 된다. 불편한 마음으로 집에 돌아와서 베란다에 빨래가 그대로 널려 있는 모습을 보자 더욱 화가 났다. 그러나 저축해 둔 돈이 없어 독립도 할 수 없었기에 한숨만 나올 뿐이었다.

그렇게 다음 날 아침 어머니가 "신용카드 결제는 확실하게 지켜야 한다"라며 또 화를 돋우는 말을 건네오자 '아침부터 왜 또 잔소리야!' 하며 부글부글 화가 치솟으려 한다. 그럴 때는 엄마의 입장에서 왜 이런 말을 하는지 생각해보면 화가 가라앉으면서 자신의 현재 상황을 객관적으로 바라볼 수 있게 된다.

'엄마는 정말로 트집을 잡기 위해 내게 그런 말을 꺼낸 것일까? 어쩌면 자신이 일로 바빠서 한동안 대화를 못 했기에 엄마 나름대로 소통을 하려고 한 것은 아닐까?' 하고 어머니 입장에서 생각을 하게 되었다.

J씨가 "그러고 보니 이번 달에는 좀 위태위태하지~" 하고 웃는 얼굴로 엄마에게 말하자, 엄마는 "뭐, 어쩔 수 없는 일이구나!" 하며 지갑을 꺼내시더니 "얼마나 필요한 거야?" 하고 물으신다. '어? 내주시려는 건가' 하고 속으로 놀라면서 "○만 엔" 하고 말씀드리자, 엄마는 "이번만 내주는 거야"라고 완고하게 말씀하시면서도, 살짝 미소를 띠며 돈을 건네주셨다.

그렇다. 외로웠던 어머니는 그녀와 소통하는 방법을 찾고 있었고, 조금 더 자신을 의지해주기를 바라셨던 것이다. 그런 어머니의 마음을 깨닫자 불쾌함은 사라지고 마음이 편안해졌다. 덕분에 회사에서도 일에 집중할 수 있었고 집으로 돌아오는 길도 즐거웠다. 나만이 외로움과 싸우고 있다고 생각하지만 사실 내 가장 바로 옆에 있는 사람 또한 외로움을 느끼고 있었던 것이다.

외로움의 크기가 작든 크든 사람은 누구나 외로움을 느끼며 살아가고 있다. 수많은 사람들에게 둘러싸여 있어도, 직장에서 인정을 받고 있어도, 부부관계가 원만한 사람이더라도 누구나 외로움을 느낀다.

이런 '외로움'이 쌓이면 외부로 표출되고 주변 사람을 상처 입히기도 한다. 그들의 행동을 그저 비이성적인 행동이라며 깎아내리지 말자. 그들은 다만 당신과 소통하고 싶은 것이다. 상대의 행동에 어떤 의미가 담겨 있는지 곰곰이 생각해보고 의도를 파악하면 감정에 치우친 행동을 하지 않을 수 있다.

3

아무리 가까워도 지켜야 할 선이 있습니다

부모 자식 간에는 질투의 조건이 갖춰져 있다

부모가 자식을 질투한다는 것을 이해할 수 없다고 생각하는 사람도 있을 수 있다. 하지만 사실 부모와 자식 사이는 부정적 감정의 전염이 일어나기 쉬운 관계이다. 부모자식 간에는 질투심이 생기는 전제 조건이 처음부터 갖춰져 있기 때문이다.

부모 입장에서 볼 때 '내가 너를 키워줬으니 내가 더 나은 존재'라는 인식이 있다. 그래서 자식이 부모보다 뛰어난 모습을 보이면 질투하는 마음이 생기고, 일반적으로는 생각할 수 없는 행동을 보이는 경우가 있다.

부모가 아이를 질투하여 비이성적인 행동을 보이면 부모의 모습에 충격을 받은 아이는 전혀 공부를 하지 않게 되거나 옳지 않은 행동을 보인다. 숙제를 눈앞에 두고도 부모의 부정적 감정이 전염된 상태이기에 의욕을 잃어 '귀찮아' 하고 내팽개쳐 버리는 것이다.

이러한 경우 일반적으로는 가정 내의 환경이 나쁘기 때문이라거나, 아이가 부모의 관심을 끌기 위해서 나쁜 아이인 척 연기하는 것이라는 해석을 한다. 하지만 반드시 그런 것은 아니다. 만약 부모가 아이에게 관심을 보였는데 아이가 변하지 않는다면 부모가 품고 있는 감정에 전염된 것은 아닌지 의심해볼 필요가 있다.

부모가 자식의 행복을 바라는 것은 상식 중의 상식이다. 어느 부모에게 물어도 '자식의 행복을 바라지 않는 부모란 존재하지 않는다'는 답변이 돌아올 것이다. 그러나 부모가 아이를 질투하고 비이성적인 행동을 보이는 것은 동물적인 본능과도 같은 것이라서 부모는 잘못된 행동을 하고 있다고 인지하지 못하는 경우가 많다.

'자식을 생각해서' 하는 행동이 실제로는 자식을 망가트리게 되어 아이가 이상한 행동을 하는 현상이 일어나게 되는 경우가 적지 않다. 그것은 부모가 의도하여 그렇게 된 것이 아니라 내면 깊은 곳의 본능에 의한 것이므로 보통은 부모 스스로가 통제할 수 없는 것이다.

자식의 수입에 질투하는 부모

아버지보다 월급을 많이 받게 된 C씨는 그 사실을 부모님에게 말씀드리고 함께 기쁨을 나누고 싶었다. 그러나 그 사실을 전하자 자신의 생각과 달리 부모님은 냉랭한 모습을 보이셨다고 한다. 이 또한 부모님에게 아들을 질투하는 마음이 생겼기 때문이다.

부모의 질투심이 아들에게 전염되어 뇌를 자극함으로써 '월급도 많아졌으니 이제부터 저축을 시작하자'라고 생각했던 것이, '이것도 필요하고, 저것도 필요하고' 하며 다방면으로 소비를 하게 되면서 오히려 이전보다도 돈을 모으지 못하는 이상한 행동 양식을 보이게 되었다.

게다가 이전까지는 월급도 많이 주는, 정말 만족하고 있었던 직장이었음에도 부정적 감정이 머리를 지배하면서 돈을 모으지 못하는 상황을 자신이 아닌 회사의 탓으로 돌리게 되고 '이런 회사는 사람을 마구잡이로 혹사시키는 블랙 기업'이라며 상사에게 불만을 터트리고 말았다. 그리고는 '이런 회사 그만둬주지'라며 정말로 퇴사를 하고 나와 버린다.

그러나 그 후 이직한 회사는 월급도 짜고 잔업도 많은 그야말로 진짜 블랙 기업이었다. 이때 그는 처음으로 '왜 그런 말을 퍼붓고 나와 버렸을까?' 하며 어처구니가 없어진다. 이렇게 이직에 이직을 반복할 때마다 월급이 점점 하락하는 상황을 맞이한다.

그의 상황이 악화된 것은 부모의 부정적 감정 전염되었기 때문이었다. 나의 부모이기 때문에 승진하여 부모보다 더 많은 돈을 벌게 되면 그저 기뻐해 주실 것이라고 생각한 것이 커다란 착각이었던 것이다.

'자식인 주제에 나보다 월급을 많이 받는다'는 사실을 인정할 수 없었던 부모의 마음속에서는 동물적인 질투심이 발생하게 되었고 C씨는 부모님의 질투심에 감염되어 비이성적인 행동을 하게 된 것이다.

감정을 억누르면 왜곡된 형태로 표출된다

가족 간의 질투는 그리스 신화에서부터 볼 수 있다. 《질투》의 저자인 피터 투이Peter Toohey는 자기 아들에게 지위를 뺏긴다는 예언을 믿고 태어나는 자식들을 잡아먹다가 제우스에게 쫓겨난 그리스 신화의 크로노스에 대해 이렇게 말하고 있다. "크로노스는 자식들을 두려워한 게 아니라 그들이 표상하는 젊음과 힘을 질투했다. 자신은 이제 잃어가기 시작한 그 젊음과 힘이 점점 늙어가는 자신을 권좌에서 밀어낼 테니 말이다."

자신의 권위를 침범하는 자식에게 질투하는 부모에 대

한 이야기는 그 외에도 많다. 왈츠의 아버지라는 별명으로 유명한 요한 슈트라우스 1세 또한 아들인 요한 슈트라우스 2세의 음악적 재능을 질투하여 음악가가 되는 것을 막기 위해 공업전문학교에 입학시켰다. 하지만 요한 슈트라우스 2세는 아버지 몰래 바이올린을 배우며 음악가의 길을 갔고 결국 아버지를 뛰어넘게 된다.

질투는 본능적인 감정이지만 사람들은 질투를 느낀다는 것에 부끄러움을 느끼기 때문에 분노, 슬픔과 같은 감정과 달리 드러내지 않고 숨기려고 한다. 표출하지 못하고 억눌린 감정은 왜곡된 형태로 표출된다. 자식을 위해서라는 명목으로 자식을 억압하고 가능성을 막는 것이다. 하지만 부모들은 이 감정이 질투를 억누름으로써 변질된 것이라는 사실을 인지하지 못한다. 부모 또한 불완전한 존재이기 때문이다.

그러므로 왜곡된 감정으로 인해 서로가 더 큰 상처를 입지 않기 위해서는 부정적 감정(질투)을 인지해야 한다. 자식을 질투하는 것이 잘못된 것이 아니며 인간의 본능임을 이해하고 받아들여야 한다. 그러면 자식의 재능이나 젊음과 같이 자신이 현재 가지지 못한 것에 집착하지 않고 자신이 지금껏 이룬 것들에 더욱 집중할 수 있다.

아무것도 하고 싶지 않게 되는 '학습된 무기력'

부모가 자식을 질투하게 되면 자식을 향해 심한 말을 내뱉거나 비이성적 행동을 보이면서도 부모는 '자식을 위해 한 행동'이라고 착각한다. 자식의 입장에서는 '내가 못나서 사랑받지 못한다'고 생각하여 부모에게 사랑받는 훌륭한 사람이 되기 위해 최선을 다해 노력한다.

그러나 노력해서 뛰어난 사람이 될수록 부모는 자식을 더욱 질투하게 되고 자식에게 못된 행동을 하게 된다. 그런 부모의 행동에 자식은 크게 상처를 받게 되고 이런 상황이 계속 반복되면 자식은 '아무것도 하고 싶지 않다'는 마음이 들며 무력감에 빠지고 만다.

이것을 심리학적으로는 '학습된 무기력'이라고 한다. 이는 미국의 심리학자 마틴 셀리그만Martin Seligman의 개를 이

용한 실험을 통해 알 수 있다. 그는 개를 우리 안에 가두어 두고 개가 우리에서 나오려고 하면 전기 충격을 가했다. 게다가 개가 아무것도 하지 않아도 우리 아래에서 전류가 흐르도록 장치를 걸어 두었다. 다시 말해 개가 무엇을 어떻게 한다 해도 전기 충격에서 벗어날 수 없는 구조인 것이다.

이를 반복하자 우리의 문을 열어두어도 개는 도망가려고 하지 않고 무저항 상태가 되었다. 이미 어떤 일을 하더라도 이 상황에서 벗어날 수 없다고 학습되어 있기에 움직이지 않는 것이다. 이러한 상태를 학습된 무기력이라고 한다. 이처럼 저항도 회피도 불가능한 스트레스에 장기간 노출되면 그런 환경에서 충분히 벗어날 수 있음에도 극복하려는 시도조차 하지 않게 되는 것이다.

부모가 자식을 우리 안에 가두어버리다

부모자식 간의 이야기로 다시 돌아오자. 표면상으로는 '모두 너를 위한 거야'라는 부모의 사랑이 존재한다고 할지라도, 막상 자식이 부모의 품 밖으로 나가려고 할 때는 아이를 구속해 버린다. 이런 상황을 반복하는 과정에서 아이는 무기력이 학습되고 결국 아이는 부모의 품 밖으로 나가는 것을 두려워하게 된다.

그렇게 학습된 무기력은 아이의 자존감도 하락시켜 뛰어난 사람이 될 수 없다는 생각이 정착해 버린다. 그렇게 무기력을 학습한 아이는 커서 사회에 나가더라도 눈앞에 좋은 기회가 찾아와도 실패에 대한 두려움을 먼저 떠오르기 때문에 자신에게는 할 수 없는 일이라며 기회를 잡지 못한다.

더욱이 부모는 표면적으로는 웃음을 띠고 있지만 마음속에서는 질투심이 일어나 자식에게 악영향을 끼치고 있기 때문에 자식은 혼란에 빠져 버린다. 이러한 혼란한 상태로 인해, 보다 강하게 '움직이고 싶어도 움직일 수 없는' 상황이 된다. 표면상 인자한 부모 아래서 크는 아이일수록 혼란스러워하며 자신이 생각한 대로 행동하지 못하게 되고, 원하는 것을 손에 넣지 못하게 되는 것이다.

일반적으로 생각하면 부모가 자신의 아이에게 질투하는

것은 상상할 수 없는 일이므로 아이의 입장에서도 부모가 자신을 질투하고 있다고 스스로 알아채는 것은 굉장히 어려운 일이다. 그러나 부모자식 간에는 질투심이 발생하는 조건이 이미 갖춰져 있고 그 영향력은 완전한 타인과 비교했을 때 훨씬 크다.

부모의 그늘에서 벗어나기 위해서는 끊임없이 긍정적 사고를 할 필요가 있다. 객관적으로 자신을 바라보고 자신의 모습과 성과에 자부심을 가져야 하며 열정적으로 살아야 한다. 작더라도 긍정적 결과를 계속해서 나타냄으로써 기쁨, 만족, 행복 등의 감정을 느끼면 자신감이 생기면서 무기력에서 벗어날 수 있다. 사람은 살아가면서 몇 번이고 좌절을 겪게 된다. 그 좌절에 굴복하지 않고 당당히 맞설 때 무기력에서 벗어나 성공을 손에 쥘 수 있을 것이다.

4

타인의 감정이 내 마음을 침범할 때 일어나는 현상

❖ '죄책감'이나 '거리낌'을 느낀다면 주의하라

그렇다면 타인이 내게 부정적 감정을 품고 있다는 것을 어떻게 알아볼 수 있을까? 우선 부정적 감정을 품고 있는 사람은 대부분 갑자기 초조함을 느끼게 되어 조금만 살펴보면 행동이 부자연스러워졌음을 금방 알 수 있다. 그리고 얼굴을 봐도 알 수가 있다.

상대방의 표정이 딱딱하게 굳거나 뾰로통해 보인다면

내게 부정적 감정을 품고 있다고 의심해볼 수 있다. 부정적 감정이 안면 근육을 컨트롤하는 뇌의 부위를 자극하여 안면 근육이 부자연스럽게 움직이기 때문이다. 그 표정을 타인이 보기에는 '무뚝뚝한 태도'로 비친다. 사람에 따라서는 '울상'을 짓는 경우도 있다.

이와 같이 외관상으로도 상대방이 내게 부정적 감정을 가졌음을 알 수 있지만, 타인이 자신에게 부정적 감정을 가지고 있을 때 가장 알기 쉬운 것은 사실 '자신이 느끼는 감각'이다. 어떤 사람과 이야기를 한 후에 공연히 '내가 상대가 기분 상할 말을 했던가?' 라든지 '미안한 일을 했을지도 몰라'라는 생각과 함께 죄책감이나 거리낌이 느껴지면 상대가 나를 미워하는 것은 아닌지 생각해봐야 한다.

물론 상대방의 표정을 보고도 그런 감정을 느낄지도 모르겠으나 상대방의 감정에 감염되어 느끼지 않아도 될 죄책감이나 거리낌을 느끼는 경우도 있다. 만일 즐겁게 대화를 했다고 생각했는데 나중에 상대를 기분 나쁘게 하지는 않았는지 걱정이 되고 마음이 초조해질 때는 자신을 탓하지 말고 우선 상대방의 부정적 감정이 전염된 것은 아닌지 되돌아보자. 자신이 객관적으로 자신과 상대방을 바라보고 있는지 인지하는 것은 매우 중요하다.

의외의 감각이 센서가 된다

그 외에도 의외의 감정이 '부정적인 감정 센서'가 되어준다. 그중 하나는 누군가와 대화를 하면서 '내가 이야기의 흥을 돋워야 하는데…'라고 느끼는 것이다. 즐거운 분위기를 만들기 위해 자신이 무언가를 해야 한다는 의무감을 느끼는 것도 '아무것도 말하지 않고 있는 것에 대한 죄책감'을 느끼기 때문이며, 이 죄책감이 발생하는 것은 상대방의 부정적 감정이 전염되었기 때문이라고 볼 수 있다. 상대와 대화가 멈춘 것이 자신 때문이라고 느끼는 것이 사실은 상대방이 내게 강렬한 감정을 품고 있기 때문일 가능성이 있다는 것을 기억해야 한다.

또 이런 경우도 있다. '여기에서 내가 발언을 해서는 안 돼'라고 느끼거나 '이 사람에게 말을 걸었던 게 잘못이었던 걸까?'라고 생각하게 되는 것도 마찬가지이다. 자신이 특별한 행동을 하지 않았음에도 잘못된 행동을 한 것 같은 감각을 느꼈다면 그것은 당신이 정말로 잘못을 했기 때문이라기보다는 복수의 사람에게 부정적 감정에 영향을 받아 착각하는 것일 수 있다.

질투는 '자신보다 낮은 위치에 있다고 생각한 사람이 나보다 훨씬 더 좋은 것을 지니고 있다'는 생각이 들 때 생긴다. 상대방은 '자신이 위에 있다'는 생각을 강하게 가지고 있는데 자신보다 내게 뛰어난 부분이 있다는 것을 인지함으로써 자신도 모르게 질투하게 된다. 그러면 상대의 질투에 전염된 나 또한 '나는 너와 달라' 라며 상대방을 자신보다 낮은 위치에 있는 사람이라고 생각하게 되어버리는 것이다.

거만한 태도를 취하는 사람이나 언뜻 고압적인 자세로 뻣뻣하게 나오는 사람은 열등감이나 질투심 같은 감정을 표출하고 있는 것이다. 이런 사람의 가까이에 가면 그 사람의 질투심에 감염되어 '말을 시키는 게 아니었어' 하며 후회하게 된다.

인간은 본래 모두 평등하다. 그러므로 '저 사람은 나보다 위에 있으니까 말을 걸면 안 되었어'라고 생각하는 것은 우스꽝스러운 이야기이다. 사람과의 관계에서 무언가 위화감이 느껴질 때는 내게 부정적 감정이 전염된 것은 아닌지 생각해보자.

어쩌면 당신과 방금 전까지 이야기를 나누던 사람이 당신을 질투하고 있는지도 모른다. 그 사람들과 이야기를 나눌 때는 부정적인 감정에 전염되어 그 사람들에게 휘둘리지 않도록 주의하자.

4장

남의 감정에 휘둘리는 건 사양입니다

1

월화수목금토일,
불안한 내 마음

: 돈은 불안을 일으키는 유발제

우리 삶에서는 돈 때문에 일어나는 사고가 많다. 자본주의 사회에서는 돈이 없으면 할 수 있는 일이 없기 때문에 돈이 없는 사람은 쉽게 불안에 빠지고는 한다. '남자는 지갑이 두둑해야 한다'는 말이 괜히 있는 것이 아니다.

재밌는 것은 돈이 없어서 생기는 불안함으로 인해 더 많은 소비를 하게 된다는 점이다. 월급날이 한참 남았는데 생활비가 떨어지기 시작하면 점점 마음이 초조해진다. 한 푼이라도 아껴야 하건만 이상하게도 이럴 때일수록 구매욕이 상승한다.

그런 모습을 본 주변 사람들은 '뭐야? 돈 없다고 매일 우는소리를 하면서 왜 저렇게 쓸데없이 돈을 쓰는 거지' 하며 이해할 수 없다는 시선을 보내온다. 그러나 정작 본인은 불안과 초조로 인해 올바른 판단을 하지 못하고 '세일 기간에 저렴하게 산 것이니 내 행동은 옳았어!'라며 전혀 의구심을 갖지 않는다.

어떤 사람은 신용카드의 변제가 밀리게 되면서 이자만 지불하는 나날이 계속되는 상황에 있었다. 그런데도 갑자기 비싼 안마의자를 구매하는 등의 굳이 하지 않아도 될 소비 행위를 한다. 다른 사람이 보기에 이해할 수 없는 행동이지만 '변제 기한은 다가오는데 돈이 없는' 상황에 노출되어 이성적인 판단을 하지 못하게 되고 눈앞의 이익만 보이기 때문이다.

이 이야기를 들은 주변 사람들은 일반적으로 이해할 수 없는 상황에 자신의 귀를 의심하게 된다. '그럴 돈이 있으면 이자가 계속 나가는 학자금이나 신용카드 변제에 충당하는 것이 좋을 텐데…'하고 생각할 것이다.

그러나 '돈'이 계기가 되어 일어난 부정적 감정이 뇌를 자극하였기 때문에 본인은 올바른 행동을 했다고 생각하게 된다. '나는 계속 일을 하여 빚을 갚아야 하기 때문에 건강해야 해. 그래서 안마의자를 산 것'이라고 생각하게 되는 것이다. 그리고 또다시 변제일이 가까워지면 수중에 돈이 없는 상황이 되어서 같은 잘못을 반복하게 된다. 이로 인해 계속 돈을 모으지 못하는 상황이 되는 것이다.

⁑ 염증을 억제하면 악순환을 방지할 수 있다

얼마 전 의학 협회에서 충격적인 가설이 발표되었다. 사람은 욕구가 충족되거나 만족감을 느낄 때 몸에서 행복을 느끼게 하는 신경전달 물질인 '세로토닌serotonin'이 분비되는데, 몸속에 염증이 생기면 세로토닌이 아닌 '홍분, 초조함, 조바심, 우울감'을 느끼게 하는 '키누레닌kynurenine'으로 변환되어 버린다는 것이다.

우리가 하루의 일과를 마무리하며 열심히 일했다고 만족감을 느낄 수 있는 것은 우리 몸속에서 세로토닌이 분비되기 때문이다. 그러나 염증이 있으면 본래 세로토닌 대신 키누레닌이 분비되어 일을 마무리하고도 만족감을 느끼기보다는 초조함과 우울함을 느끼게 된다.

또한 사람은 갖고 싶었던 물건을 살 때 세로토닌이 분비되어 만족감을 얻고 스트레스가 발산되는데, 염증이 있으면 세로토닌 대신 키누레닌이 분비되어 오히려 스트레스가 증가한다. 이 때문에 염증이 있으면 스트레스가 쌓여 감정 조절 장애를 일으키기 쉽고 인간관계를 망가트리거나 쓸데없는 소비를 하는 등의 비이성적 행동을 반복하게 된다. 게다가 본인은 자신이 어떤 행동을 했는지 기억하지 못하기 때문에 아무리 노력을 해도 회사에서 인정을 받지 못한다든가 돈이 전혀 모이지 않는 사실에 괴로워한다. 염증으로 인해 스트레스를 지속적으로 받는 악순환이 계속되는 것이다.

두통이나 어깨 결림, 요통, 심한 생리통, 그리고 만성피로 등의 신체적 증상도 마찬가지로 염증이며 이런 증상을 가지고 있으면 행복감을 느끼게 하는 세로토닌 대신 초조함과 우울감을 느끼게 하는 키누레닌이 분비되어 염증이 더 커지고 다시 그 염증이 행복 호르몬의 분비를 저해하고 있을 가능성이 있다.

그렇기 때문에 어떤 결과를 내었을 때 만족감이나 행복감 대신 조바심이나 불안한 마음이 먼저 생길 때는 몸속에 염증이 생겨 행복 호르몬이 분비되지 않고 있을지도 모른다. 당신이 지금 만족감을 느끼지 못하고 있다면 몸의 염증을 치료하고 몸과 마음을 안정시키면 행복 호르몬이 분비되면서 자연히 기쁨과 만족감을 느끼게 된다.

호르몬의 순환 구조를 알게 된 것만으로도 삶에 변화를 가져올 수 있다. 우울감과 초조함을 느끼게 될 때 그것이 염증 때문이라는 것을 알면 심신을 안정시키고 염증을 사라지게 해야 한다는 사실을 떠올릴 수 있다. 치료 방법을 알고 있으므로 스트레스로 인한 감정 조절 장애가 일어나기 전에 예방할 수 있는 것이다.

일이 잘 풀리지 않고 자신이 하는 일에서 만족감을 느끼지 못할 때는 자신의 몸에 염증이 있는 것은 아닌지 확인해보자. 만성적인 편두통이나 요통, 피로감이 있지는 않은가? 적절한 스트레칭과 운동으로 몸을 건강하게 만들면 세로토닌이 분비되며 감정에도 좋은 영향을 미쳐 다시 행복감을 느낄 수 있게 될 것이다.

2

사실 나 말이야,
널 질투하고 있었어

⁑ 남과의 비교로 인해 충동적 행동(소비)을 하게 된다

어렸을 때 고열에 시달려서 몸이 퉁퉁 붓거나 마치 손이 글러브보다 더 커진 듯한 감각을 느낀 적이 한 번쯤은 있을 것이다. (물론 실제로 손이 그렇게 커지지는 않았을 것이다.)

누군가에게 부정적 감정을 품게 되었을 때도 이와 마찬가지로 평소였다면 별 것 아니라고 생각했을 일이 '굉장히 큰 사건'으로 느껴지며 그 일에 대해 화가 치밀기도 하고 패닉에 빠져 예민하게 반응하거나 비이성적인 행동을 하게 된다. 그리고 시간이 지나서 이성을 찾으면 '대체 내가 그때 왜 그런 행동을 했던 거지?' 하며 후회한다. 또는 자신이 화를 냈던 일을 전혀 기억하지 못하기도 한다.

나도 예전에 회사를 다니던 때에 한 후배가 상사의 사랑을 독차지하자 딱히 내게 피해를 준 것이 아님에도 시샘하게 되고 '저 녀석은 정말 건방진 자식이야' 하는 생각에 괜히 후배에게 화풀이를 한 적이 있었다. 그러나 나는 화풀이를 했다고 인식하지 못했다. 부정적 감정이 뇌를 자극하여 비이성적인 행동을 하게 된 것이기 때문에 잘못된 행동이 아닌 옳은 일을 했다고 인식한 것이다.

후배가 상사에게 총애받는 상황으로 인해 스트레스를 받자 주말에는 '이 정도는 괜찮겠지'하고 이전부터 사고 싶었던 컴퓨터 부품을 사 버린다. 그러나 모처럼 구입했지만 정작 사용 방법을 잘 몰라서 사용하지 못하고 서랍장 속에 쌓아 두게 된다.

그래도 '스트레스 해소를 위해 필요한 것'이라며 스스로에게 변명을 하고, 월급 전날까지 밥값이 없다고 투덜대며

며칠 동안 수돗물로 허기를 때우는 나날을 보내고는 했었다. 타인의 시각에서 보면 '계획성이 없다' '경제 관념이 결여되었다'며 비난을 받을 만한 생활 방식이다. 그러나 그 당시의 나는 스스로를 알뜰하고 절약 정신 투철한 인간이며, 지갑을 잘 열지 않는 타입이라고 생각하고 있었다. 이렇게 충동적인 행동을 하게 된 것이 타인과 나를 비교함으로써 생겨난 질투 때문이었음을 그때의 나는 알지 못했다.

상대방을 질투하고 있다는 사실을 인정하라

그 사실을 깨닫게 된 것은 어느 날 그 후배를 보고 있을 때였다. 그를 보고 있으면 괜히 조바심이 나며 초조했다. 그런데 문득 내가 그를 안 좋게 보고 있는 이유가 무엇인지 생각해 보게 되었다. 그 후배는 실적이 나쁜 것도 아니었고 오히려 우수한 편이었다. 반항적인 태도를 보이는 것도 아니었기에 내 입장에서 딱히 미워할 만한 후배는 아니었다.

그렇게 객관적 사실을 떠올리면서 내가 그동안 후배를

질투하고 있었다는 것을 깨달았다. 자신보다 아래에 있는 존재인 후배가 상사의 애정을 받는다는 사실에 질투심을 느꼈던 것이다.

그러한 사실을 인지하고부터 얼마 후에 흥미로운 일이 일어났다. 나는 회사 생활에서 큰 스트레스를 받고 있었는데 후배에게 질투하고 있다는 사실을 인정하자 스트레스를 받지 않게 되었고 내 삶의 태도에 변화가 생겼다.

이전까지는 스트레스 해소를 위해 주말마다 전자상가에 가서 제대로 쓰지도 못하는 전자제품을 사고는 했는데 더 이상 스트레스를 받지 않게 되자 전자상가에 가서 쇼핑을 할 마음이 생기지 않은 것이다. 오히려 그동안 왜 그렇게 헛돈을 쓰고 다닌 것인지 의아하게 생각했다. 타인을 질투하고 있음을 인정하고 자신의 마음을 있는 그대로 바라보니 마음이 평온해졌고 삶의 태도도 변했다. 그리고 쓸데없는 소비를 하지 않아서 돈도 점점 모이기 시작했다.

만약 당신이 월급을 꼬박꼬박 받고 있는데도 돈이 모이지 않을 때는 주변 사람을 질투하고 있지는 않은지 생각해보자. 떠올리기만 해도 기분이 나빠지는 사람이 있지는 않은가? 그 사람의 평소 행동이 어떠한지 가만히 생각해보자. 아마도 당신에게 직접적인 피해를 입힌 적은 없었을 것이다. 오히려 뛰어난 능력으로 당신을 도왔을 수도 있다. 자신이 상대를 볼 때 왜 화가 나는지 명확히 인지하고 정말 화를 낼 만한 일인지 생각해보자. 그리고 상대방에게 질투하고 있음을 인정하자.

이때 '그 사람이 뭐가 잘 났다고 내가 질투를 해?'하고 인정하고 싶지 않은 기분이 고개를 치켜들지 모른다. 그러나 내가 그 사람에게 질투한다는 걸 인정하고 싶지 않다는 사고방식이야말로 이미 이성적 사고를 하고 있지 못하다는 증거이기도 하다.

그것을 심리학에서는 '부정'이라고 한다. 받아들여야 할 사실이 너무나 불편할 때는 그 사실을 직면하기보다는 사실이 아니라고 주장하는 심리 상태를 말한다. 정신분석학자인 지크문트 프로이트에 의해 가정된 심리학적 방어기제이다.

이 부정이야말로 이성적 사고를 하고 있지 못하다는 증거이다. 타인을 질투하고 있다는 사실을 인정할 수 없을 때는 입으로 말하지 않고 머릿속으로 생각하는 것만으로도 좋다. 마음속으로 '나는 사실 그 사람을 질투하고 있어'라고 읊조려 보자. 그 순간 자신의 비이성적 행동을 되돌아보게 되고 현실을 직시하게 된다.

자신의 감정을 마주하는 것은 누구에게나 두려운 일이다. 하지만 무섭다고 회피하고 부정하기만 해서는 내적 성장을 이룰 수 없고 항상 제자리걸음을 하게 된다. 자신의 가능성을 스스로 죽이는 것이다. 자기감정을 인정하고 받아들일 수 있어야 타인의 감정도 이해할 수 있으며 공감할 수 있다.

올곧은 마음으로 자신과 마주할 때 긍정적으로 사고할 수 있고 진정한 행복감을 느낄 수 있다.

3

누가 뭐라 해도 나는 나일 뿐

⁑ 상대방보다 내가 더 뛰어나다는 것을 인정한다

D씨는 질투심 때문에 언행이 통제되지 않을 때가 있어 내게 상담을 하러 왔다. 그녀는 직장 동료에게 질투심을 느끼고 있었고 점점 그 증세가 심해져 그 동료와는 일을 할 수 없는 지경에 이르렀다. 함께 일하는 것 자체가 힘들었지만 당장 일을 하지 않으면 생활비가 부족하기 때문에 최대한 그 사람에 대해 생각하지 않고 열심히 일하려고 했

다. 하지만 밉상인 그 동료를 볼 때마다 스트레스를 받았고 결국 인내심의 한계를 느껴 이직을 선택하게 되었다고 한다.

그동안 그녀가 살아온 이야기를 듣고 나서 나는 그녀에게 '상대보다 자신이 더 뛰어난 사람'이라고 생각하라고 조언해주었다. D씨는 건방지게 보일까 봐 항상 자신을 낮추고 겸손한 태도를 보이려고 했다. 하지만 그러한 태도가 자신의 자존감을 떨어트리고 있었다.

그녀는 '그런 생각을 가지고 행동하면 사람들이 나를 싫어하지 않을까요?'하며 반신반의했으나 '겸손하게 행동해도 미움을 받는데 한 번 해본다 한들 손해 볼 건 없다'고 설득하자 마음을 다잡고 새 직장에서는 '내가 제일 잘났어'라는 자세로 일을 했다.

새 직장에서 일하던 어느 날이었다. 얼굴은 예쁜데 일은 잘 하지 못하는 동료에게 상사가 우선적으로 일을 맡기는 것을 보고 예민하게 반응할 뻔했지만 '저 사람보다 내가 더 잘났어'라고 생각하자 마음이 가라앉았고 자신이 그녀를 순간적으로 질투했음을 인지할 수 있었다.

이전 같았다면 '일도 못하는데 얼굴이 예쁘다고 상사의 귀여움을 받는구나'라며 화가 나서 일에 집중하지 못했을 테지만 '내가 더 뛰어나'라고 마음속으로 되뇌자 화가 가라앉았다. 그렇게 항상 여유로운 태도로 자신의 일에 충실하니 어느덧 자존감이 높아졌고 그녀의 성실함을 알아본 상사 쪽에서 먼저 배려를 해주게 되었다.

지금껏 그녀는 스스로는 겸손한 태도로 타인을 대해 왔다고 생각했지만, 사실은 그런 행동들이 자신에 대한 평가는 깎아내리고 있었고 타인으로 하여금 그녀가 자신들보다 못한 사람이라는 인식이 생겼던 것이다. 그로 인해 그녀의 자존감은 떨어졌고 타인을 질투하기에 이르렀다.

하지만 자신의 그런 태도에 문제가 있음을 인식한 후 '나는 소중한 사람' '나는 누구보다 뛰어난 사람'이라는 생각으로 자신감을 가지고 생활하자 주변의 인식도 자연스럽게 변했다. 그 후 그녀는 회사에서 인정받아 어느 팀의 책임자로 발탁되었고 타인을 질투하는 일 없이 하루하루를 충실하게 보내고 있다.

카를 구스타프 융Carl Gustav Jung은 연극에서 사용하는 가면을 뜻하는 '페르소나persona'라는 말을 차용하여 인간의 인격에 대한 심리학적 개념을 설명하였다. 융에 의하면 사람은 사회적 압력에 적응하기 위해 누구나 여러 개의 가면을 가지고 있으며 상황에 맞춰 가면을 바꿔 쓰며 대응한다는 것이다. 누군가를 시기하고 질투하게 될 때는 '누구보다 내가 뛰어나다'는 생각을 가진 가면을 써보자.

처음에는 힘들더라도 자존감이 높은 행동이나 태도가 몸에 스며들도록 연습을 하다 보면 점점 자신이 뛰어난 사람이라는 인식을 가지게 되고, 작은 성취를 꾸준히 경험하면서 타인과 비교하지 않게 된다. 그러면 누군가를 시기하는 일도 사라지며 그로 인한 스트레스도 생기지 않으므로 자연스럽게 쓸데없는 소비도 하지 않게 된다.

누군가를 떠올릴 때 시기심이 불쑥 고개를 치켜들 때는 머릿속으로 '그 사람보다 내가 더 잘났어!'라고 외쳐 보자. 그러면 상대방이 얼마나 잘났든 돈을 얼마나 벌든지 관심을 가지지 않게 된다. 상대방과 자신을 비교하지 않고 있는 그대로의 자신을 바라보게 되어 자신을 더욱 사랑하게 될 것이다.

나는 예전부터 '벼는 익을수록 고개를 숙인다'라는 말을 가슴에 담아두고 있었기 때문에 주위 사람들에게 항상 겸손한 모습을 보이려고 노력했던 적이 있었다. 하지만 이상하게도 겸손하려고 할수록 주변 사람과의 관계는 악화되어 갔다.

평소에 문제가 생겼을 경우에는 '죄송합니다' 또는 '드릴 말씀이 없습니다'는 말부터 꺼내며 항상 자신을 낮추며 겸손하게 행동하도록 주의를 기울였다. 그리고 마음속으로 '나는 매우 겸손한 태도의 반듯한 사람'이라는 자부심을 가지고 있었다. 한편으로는 자신이 겸손한 만큼 다른 사람도 당연히 겸손한 태도를 가져야 한다는 생각을 가지고 있었기에 누군가가 조금이라도 잘난 체하는 모습을 보이면 '뭐야? 저 건방진 녀석은!'이라는 생각을 하며 상대를 지적하고 비판하려고 했다.

그러나 겸손함을 연기하고 있는 나로서는 직설적인 비판은 하지 못하고 그저 마음속으로만 상대를 비난했다. 사실 나의 마음속에는 '겸손한 자신'이 그렇지 못한 사람들보다 나은 사람이라는 생각을 가지고 있었고, 은연중에 사람들을 깔보는 마음을 가지고 있었다. 겸손한 태도를 보이려는 것 자체에 의미를 두었기 때문이다.

이처럼 자신을 상대보다 더 나은 사람이라고 생각하는 우월감이 독이 되기도 한다. 자신이 분명 더 나은 사람인데 동료가 먼저 승진을 한다든가, 돈을 더 잘 번다는 사실을 알게 되면 이 우월감이 열등감으로 바뀌기 때문이다. 누군가에게 열등감을 느끼기 시작하면 스스로도 이해하기 힘든 비이성적인 행동을 일으키게 된다. 괜한 트집을 잡거나 별거 아닌 이유로 지나치게 화를 내는 등 주변 사람을 피곤하게 만들면서 점차 인간관계가 무너져 가게 된다.

지나치게 겸손한 태도가 문제가 되는 것은 이뿐만이 아니다. 주변으로부터 질투를 받지 않고 두루두루 잘 지내겠다는 생각에 필요 이상으로 겸손하게 행동하면 상대방보다도 아랫사람이라고 인식되어버린다.

사람들이 처음 만나는 사람들을 대할 때 겸손한 척을 하는 것은 자신의 속내를 처음부터 모두 보여주면 상대방에게 질시를 받거나 상대방이 공격적인 태도를 보일 수 있기 때문이다. 하지만 지나치게 겸손한 모습을 보이면 '상대방보다 아랫사람'이라는 상황을 만들 수 있고 이는 또 다른 악영향을 끼치게 된다. 그것은 '자신보다 낮은 위치에 있다고 생각한 사람이 나보다 훨씬 더 좋은 것을 지니고 있다'는 상황을 만든다. 이는 상대로 하여금 열등감을 느끼게 하는 조건이 완벽하게 성립된다. 그렇다면 상대방에게 질투받지 않기 위해서는 어떻게 해야 할까?

K씨는 자녀를 학원에 데려갔을 때 다른 학부모에게 '우리 아이는 다른 아이들보다 머리가 안 좋아서…'라고 말해버리고 말았다. 다른 학부모들은 '아니에요! ○○양은 마음도 착하고, 온순한 아이기도 하잖아요'라면서 위로해 주었으나 그 말이 어째서인지 조금도 기쁘지 않았고 오히려 마음이 초조해졌다.

초조함을 느끼며 집으로 돌아와서는 숙제를 아직 하지 않은 아이에게 '왜 너는 제대로 하는 게 없는 거야?' 라며 강한 어조로 화를 내고 말았다. 그리고 그런 자신의 행동에 깜짝 놀라게 된다.

그녀는 어린 시절 자신의 어머니에게 엄격한 훈육을 받으며 자랐다. 그래서 자신이 겪은 안 좋은 기억을 내 아이에게는 절대로 물려주지 않겠다는 생각을 늘 해왔는데, 어느 순간 자신의 어머니와 같은 행동을 저지르고 있었던 것이다.

'내가 이 아이의 공부에 관여하게 되면 다 망쳐버리고 말 거야'라고 생각해 스스로 훈육하기보다는 여러 학원에 다니게 하였다. 경제적으로 힘에 부치지만 아이를 위해서라는 생각에 학원에 오고 가는 것을 하나하나 신경 썼다.

이야기를 들은 다른 학부모들은 "자기네는 좋겠다. 다른 학원에도 보낼 능력이 되어서"라며 비아냥거리는 투의 말을 건네 왔다. K씨는 예의를 잃지 않고 겸손해야 한다는 생각에 우리 아이는 다른 아이들보다 못하기 때문에 수업을 따라가려면 이럴 수밖에 없다고 설명했다. 그러자 '돈이 많이 들 텐데 남편분이 잘 이해해주니 좋겠어요'하는 살짝 빈정 상하는 말을 듣게 되었다.

집에 돌아와서 '왜 내가 그런 말을 들어야 하지? 내 남편이 어떤 사람인지도 모르면서!'하고 끓어오르는 분노가 진정되지 않았다. 그런 상태에서 아이를 보니 느릿느릿 밥을 먹고 있는 모습이 답답해서 또 소리를 지르고 싶어진다.

그녀는 자신에게 이런 문제가 생기는 이유가 '겸손한 척하는 태도' 때문이라는 것을 알게 되어 앞으로는 솔직한 심정을 이야기해 보기로 했다. 물론 처음에는 '이래도 괜찮을까? 오히려 상대로부터 더 심한 비아냥을 받는 것은 아닐까?'하고 불안했다. 하지만 겸손한 척을 하지 않고 속내를 터놓자 학부모들은 지금까지와는 다른 태도를 보였다.

여느 때처럼 학부모들이 "좋은 남편을 둬서 참 좋으시겠어요. 부럽네요"라며 비아냥대는 투로 말을 걸어오자, '꼭 그렇지도 않아요'하고 겸손한 답변을 하려다가 '겸손한 척'을 하지 않기로 한 것을 떠올리고는 "맞아요. 우리 남편 참 좋은 사람이죠"라고 말해 보았다.

그러자 상대방은 대화가 말문이 막혔는지 할 말을 찾지 못하다가 갑자기 주절주절 자기 남편의 험담을 늘어놓기 시작했다. 상대방의 이야기를 들어 보니 겉으로는 험담을 하고 있었지만 결국은 자기 남편 자랑을 하는 것이었다. 그런 상대방의 모습을 통해 자신을 되돌아보았더니 자신은 겸손한 태도를 보이겠다는 생각에 자신의 아이나 남편을 낮춰 이야기했던 것이 상대방에게는 오히려 자랑하는 것으로 들렸던 것이다. 그녀는 자신이 다른 학부모들에게 질시를 받는 이유를 알게 되어 더 이상 아이와 남편을 깎아내리는 말을 하지 않았다.

우리 아이는 똑똑하고 남편은 마음 넓은 좋은 사람이라는 생각을 하며 지내자, 평소였다면 아이와 함께 학원에서 돌아왔을 때 밥을 차릴 기운도 없을 만큼 피곤에 지쳐 있었을 텐데 피곤함을 느끼지 않고 활력이 넘쳤다. 평소부터 정리가 필요했지만 못하고 있었던 곳의 정리 정돈까지 간단히 해치울 수 있었다. 그동안 타인의 시선을 신경 쓰며 미움받지 않기 위해 했던 행동들이 그녀에게 큰 스트레스를 주었고 심신을 피로하게 만들었던 것이다.

그렇게 겸손한 척하지 않고 자신의 솔직한 마음을 이야기함으로써 주변의 학부모들에게도 질시를 받는 일이 없어졌고 점차 마음에 여유가 생겼다. 아이를 키우기 전까지는 일을 하던 그녀는 점점 긍정적이고 적극적으로 변해 다시 일을 하기 위해 구직 활동을 시작했다.

4

남이 아닌 내가 가진 것에 집중하라

⁑ 쇼핑을 해도 만족감이 없다

예전에 갑자기 배가 너무 아파서 병원에 가서 진료를 받았더니 '위궤양'이라고 진단을 받은 적이 있다. 당시에는 형편이 좋지 않아서 한 푼이라도 더 벌기 위해 죽을힘을 다해 일했는데 그 보상을 받기는커녕 의사로부터 '바보같이 일을 너무 많이 해서 몸에 과부하가 왔다'며 꾸지람을 들었다.

그때는 '무슨 뜻인지는 알겠지만 매일 돈에 쪼들리는데, 한눈팔지 않고 쉼 없이 일할 수밖에 없지 않은가!'라고 생각했다. 하지만 사실 당시의 나는 좀 이상한 짓을 하고 있었다. 나는 항상 돈이 없다는 말을 입에 달고 살면서도, 주말이면 전자상가에 가서 컴퓨터에 들어가는 고급 부품을 사고는 했었다. 그런데 정작 조립법을 잘 몰라서 실제로는 사용하지 못하는 제품들이 산처럼 쌓여 가고 있었던 것이다. 그렇게 쓸데없는 곳에 낭비를 하면서 그저 돈이 모이질 않는다며 한탄하고 있었다.

여기서 무서운 점은 컴퓨터 부품을 구입한 기억이 뇌 속에서 사라져버렸다는 점이다. 이 부품이 언젠가는 내 업무에 도움이 될 날이 올 것이라며 구매했지만 집에 돌아와서 확인을 해보면 전에도 비슷한 부품을 구매한 적이 있다는 것을 알게 된다. 자신의 바보 같은 행동에 충격을 받지만 다음에도 비슷한 행동을 하게 된다.

언뜻 '일이나 인간관계에서 발생하는 스트레스를 쇼핑으로 발산하고 있는' 것으로 보인다. 그러나 여기서 살펴봐야 하는 중요한 점은 스트레스를 해소하기 위해 쇼핑을 하는 것인데 막상 쇼핑을 해도 전혀 만족감이 없으며 쓸데없는 데 돈을 낭비했다는 후회만이 남겨질 뿐이었다는 것이다.

작은 만족과 행복을 추구하라

돈으로는 정신을 치유할 수 없다. 당신의 현재의 삶에 만족하며 살고 있지 못하다면 원하는 물건을 구매하는 것이 일시적으로 기분이 조금 나아지게 할지는 몰라도 거기에서 만족을 느끼고 자신이 행복하다고 느끼기는 어려울 것이다. 오히려 소비를 통해 당장의 스트레스를 해소하는 것은 자신을 불안한 상태로 몰아넣어 중요한 것을 보지 못하게 할 수 있다.

사람이 현재의 상태에 만족하지 못하는 것은 욕심 때문이다. 욕심은 자신과 타인을 비교하게 만들며 비교는 불만을 갖게 한다. 타인과의 비교를 멈추고 있는 그대로의 자신을 받아들이면 현재의 삶에 만족할 수 있다. 행복은 먼 곳에 있지 않다. 만족할 줄 알면 자신이 가지지 못한 것에 욕심을 부리거나 타인과 비교하지 않게 된다. 자신에게 없는 것을 생각하기보다는 지금 내가 얼마나 많은 것을 가지고 있는지를 생각할 수 있을 때 진정한 행복이 무엇인지 알 수 있을 것이다.

사람은 욕망을 가지고 있다. 서면 앉고 싶고, 앉으면 눕고 싶은 게 사람이다. 문제는 원하는 걸 이루어도 만족하지 못한다는 것이다. 인간의 욕망은 끝이 없기 때문이다. 《술 취한 코끼리 길들이기》의 저자인 아잔 브라흐마Ajan Brahma는 인간의 욕망을 코끼리를 갖고 싶어 하는 사람으로 비유한다. 코끼리를 사고 싶지만 돈이 없는 사람은 열심히 돈을 모아 코끼리를 살 수 있게 되지만 이번에는 키울 환경이 마땅치 않아서 코끼리를 키울 땅을 사기 위해 돈을 번다. 이처럼 욕망에 빠져 사는 사람의 인생은 코끼리를 갖고 싶어 하는 사는 사람의 인생처럼 헛된 일에 평생을 낭비하는 것과 같다는 것이다.

아잔 브라흐마는 '코끼리를 사고 싶어 하는 마음을 버려야 한다'고 했다. 사람은 원하는 것에 집착하다 보면 욕심에 눈이 멀어 자신이 진정으로 원하는 것이 무엇이었는지

조차 잊고 만다. 욕심을 내려놓는 것은 분명 어려운 일이다. 하지만 내가 왜 그것을 원했는지를 되돌아볼 필요가 있다.

어쩌면 당신은 이미 원하던 것을 얻었음에도 더 큰 것을 쫓느냐고 손 안의 행복이 모래처럼 손안에서 빠져나가고 있는 것을 모르고 있을 수 있다.

5장

나를 단단하게 만드는 마음 공부

1

너의 질투는 나의 힘

스트레스를 에너지로 바꿀 수 있는 사람

이제까지 타인의 부정적 감정을 차단하기 위한 방법에 대해 이야기해왔는데, 실제로 세상에는 스트레스를 자신의 에너지로 바꿀 수 있는 사람이 있다. 그러한 사람들을 살펴보면 상대방이 부정적 감정의 표출로 비이성적인 행동을 보이거나 그 감정을 전염시키려고 할 때 아래와 같은 반응을 보였다.

① 곧바로 상대에게 분노를 표출한다.

② 곧바로 상대에게 반격을 한다.

③ 상대방의 언행을 곧이곧대로 받아들이지 않는다.

④ 질투의 원인이 '고독'에 있다는 것을 알아챈다.

⑤ 질투하는 사람의 마음을 이해한다.

사람은 부정적 감정에 빠지면 비이성적인 행동을 하여 타인에게 상처를 주게 된다. 그런데 이런 비이성적인 행동을 보이는 사람을 상대하면서도 상처를 받기는커녕 오히려 자신의 에너지로 바꾸는 사람들이 있다. 그들은 상대의 행동에 상처받기보다는 그들의 잘못을 지적하고 정당하게 분노함으로써 커다란 힘을 얻는다.

분노라는 감정은 걱정, 두려움, 불안 등 부정적인 감정에서 기인하는 경우가 많기에 마찬가지로 부정적인 감정이라고 생각하기 쉽다. 하지만 모든 분노가 불의이고 죄악인 것은 아니다. 불합리함에 맞서는 정의로운 분노, 핍박을 거부하기 위한 정당한 분노는 삶의 강력한 원동력이 되기도 한다. 또한 분노는 상상력의 원천이기도 하다. 그러므로 타인이 부정적 감정을 표출할수록 그에 맞서 분노하는 것은 자신의 상상력을 풍부하게 만들고 긍정적인 에너지를 발휘하게 만든다.

⁑ 상대방의 질투를 에너지로 전환하는 사고방식

사람이 타인을 질투하는 것은 '자신보다 낮은 위치에 있다고 생각한 사람이 나보다 훨씬 더 좋은 것을 지니고 있다'는 조건에서 일어난다. 상대방의 공격으로 인해 상처를 받았다는 것은 내가 상대의 감정에 휘둘렸다는 것이므로 상대에게 있어 나는 다루기 쉬운 약자가 된다. 이로 인해 상대는 나를 얕잡아 보게 되고 상대의 감정에 계속해서 휘둘리는 악순환에 빠진다.

하지만 상대가 비이성적인 행동을 보였을 때 그 자리에서 바로 분노를 표출할 수 있는 사람은 '휘둘리기 쉬운 약자'라는 입장에서 벗어날 수 있다. 그리고 상대의 행동에 어떤 문제가 있는지 객관적으로 바라보고 잘못된 점을 정확히 지적한다. 이렇게 반격을 받으면 상대는 그때서야 자신이 어떤 행동을 하고 있었는지 인지하게 된다.

타인의 감정에 휘둘리는 사람들은 갑자기 화를 내거나 폭언을 내뱉는 등의 비이성적인 행동을 보이는 사람이 잘못됐다고 생각하기보다는 상대방이 그런 행동을 하는 것이 자신의 잘못 때문이라며 자책을 한다. 하지만 분노를 표출하고 부당함에 반격을 할 수 있는 사람은 상대의 언행을 곧이곧대로 받아들이지 않기 때문에 상처를 받을 일도 없다.

부정적인 감정에 휩싸인 사람은 정당한 이유 없이 갑자기 공격적인 행동을 하며 우리를 괴롭힌다. 등 뒤에서 칼을 꽂는 격이다. 그러므로 감정에 휘둘려 비이성적인 언행을 하는 사람의 말을 듣고 상처를 받거나 자책할 필요가 없다.

객관적인 사실을 근거로 잘못된 점을 지적당했을 때만 상대방의 지적을 받아들여야 한다. 그러면 자신이 잘못하지 않은 일이나 감정적으로 비난하는 상대의 말을 곧이곧대로 받아들이지 않고 무시해버릴 수 있게 된다. 또한 그 자리에서 바로 상대에게 분노를 표출하면 스트레스가 발산되고, 나중에 가서 그때 맞대응하지 못했다며 분통을 터트리거나 죄책감으로 괴로워하는 상황이 생기지 않는다.

또한 짙은 고독감을 느껴본 사람은 어떠한 상황에서 사람들이 소외감을 느끼고 부정적 감정으로 변화하는지 알고 있기 때문에 상대가 고독함으로 인해 비이성적 행동을 보이더라도 그 사람의 언행에 상처를 받지 않는다.

오히려 그 사람의 마음이 얼마나 괴롭고 힘든지 이해하고 있으므로 상대방의 언행에 일희일비하지 않으며 부정적 감정을 부딪쳐 오더라도 단칼에 쳐내지 않고 상대방의 말을 들어주고 마음을 이해하며 함께 공감해준다.

이런 태도에 위로를 받은 상대방은 어느새 격해졌던 감정을 진정시키며 서로에게 일체감을 느끼게 된다. 상대방을 이해하고 받아들이면 점점 자신의 주위에 사람들이 많아진다. 이는 자신을 성장시키고 긍정적인 상황을 만드는데 일조한다.

이와 같은 것들의 특징 중에서 가장 중요한 것은, 질투의 원인이 고독에 있다는 사실을 아는 '분별력'에 있다고 본다. 부정적 감정에 빠진 사람이 나의 잘못을 지적했을 때 그것이 나를 위한 조언인지 무분별한 비난이나 화풀이인지 분별할 수 있으면 타인에게 휘둘리지 않고 자신이 원하는 방향으로 막힘없이 전진할 수 있게 되는 것이다.

① 상대의 감정 표출에 빠르게 반응하기

타인의 부정적 감정을 나의 에너지로 바꿀 수 있게 되면 두려울 것이 없다. 일부의 사람들은 의식하지 않고도 가능한 일이지만, 이는 타고난 기질에 큰 영향을 받는다. 하지만 그런 기질을 타고나지 않은 사람이더라도 타인의 부정적 감정을 나의 에너지로 바꿀 수 있는 방법이 있다. 여기에서는 그 방법을 소개해 보고자 한다.

타인의 눈치를 자주 보며 자신에 대한 평가가 어떤지 항상 신경을 쓰는 사람은 타인의 감정 표출에 빠르게 반응하지 못한다는 특징이 있다. 이런 사람들은 상대방의 부정적 감정이 강하게 노출될 때 순간적으로 반응하지 못하고 위축되어 버리므로 자신이 하려고 했던 말이나 행동을 실천하지 못한다. 특히 상대방이 직장 상사나 웃어른일 경우에는 그 증상이 더욱 심해진다.

당신이 이런 부류의 사람이라면 다음의 방법을 따라 해 보자.

우선 내게 부정적 감정을 표출해 오는 사람을 떠올려본다. 그 사람의 모습이 머릿속에 잘 떠오르지 않는다면 그저 이름만 떠올려 보는 것만으로도 좋다. 그리고 머릿속에 떠오른 그 사람이 자신을 공격할 때의 에너지를 1~10단계로 나눠 측정해본다. 측정하는 것은 주관적이어도 상관없다.

다음으로 자기의 머리나 심장과 같은 신체 부위에 집중하여 내가 가진 에너지 레벨은 몇 점인지 확인해본다. 그러면 부정적 감정을 표출한 사람의 에너지가 자신을 능가하고 있다는 사실을 알게 될 것이다.

다시 눈을 감고 자기 심장의 박동을 느껴보도록 하자. 상대방을 떠올리면 스트레스로 인해 몸이 긴장되며 심장이 '쿵, 쿵'하고 맥동하는 것을 느껴질 것이다. 이러한 스트레스 반응은 몸이 더 많은 에너지를 발휘하기 위한 것이다. 심장 박동의 순간마다 '나의 온몸에 에너지가 채워지고 있다'고 상상하자. 그러면 심장의 박동을 느낄 때마다 뇌 속에서 호르몬이 분비되며 전신이 에너지로 가득 채워져

갈 것이다. 에너지가 충분히 채워졌다고 느끼면 다시 나의 에너지는 몇 단계인지 확인해본다.

상대방의 에너지 단계보다 더 웃돌 때까지 시도해야 한다. 단시간에 성공하기란 어려울지도 모르겠으나 불쾌한 상대나 상황이 머릿속에 떠오를 때마다 반복함으로써 조금씩 자신의 단계를 올릴 수 있다. 그러면 타인이 불합리한 감정을 부딪쳐 올 때 상대방의 감정에 휩쓸리지 않고 그 자리에서 분노를 표출할 수 있게 되는 것이다.

타인에게 질타를 받았을 때 제대로 맞대응하지 못하고 머리가 백지장이 되어버리는 유형의 사람이 있다. 이런 사람들은 약자로 규정되기 때문에 상대방은 더욱 독한 소리도 서슴없이 내뱉는다.

당황스러운 일에 직면했을 때 머릿속이 백지장이 되는 일이 없도록 의지를 다져 보아도 막상 일이 닥치면 같은 행동을 반복한다. 애초에 기질이 그러하고 성장하면서 제대로 대응하는 방법을 익힌 적이 없기 때문에 자신을 컨트롤하려고 해도 힘겨울 뿐이다.

하지만 앞의 타인의 부정적 감정을 나의 에너지로 바꾸

는 연습을 꾸준히 했다면 이런 기질을 바꿀 수 있다. 에너지 단계가 충분히 올라 상대방을 뛰어넘으면 내게 분노를 표출하는 사람을 향해 곧바로 반격을 가하고 냉정하게 상대의 잘못을 지적할 수 있게 된다.

② 상대방의 말에 숨겨진 의도 파악하기

비합리적인 감정으로 나를 비난하는 상대에게 '나는 잘못하지 않았다'며 방어적인 태도를 보이거나 상대의 오해를 풀기 위해 노력하는 경우가 많다. 하지만 사실 이런 행동은 더욱 문제를 키울 뿐이다. 그런 노력을 하면 할수록 상대의 부정적인 감정인 더욱 커지면서 나를 옭아매게 되기 때문이다.

타인의 부정적 감정을 에너지로 바꿀 수 있는 사람은 상대방의 비난에 상처받지 않는다. 이처럼 되기 위한 방법은 간단하다. 상대의 이야기를 듣고 상대의 감정을 이해하는 것이다.

상대의 이야기를 듣고 어떠한 감정 상태인지를 상상한다. 화를 내고 있다는 판단이 든다면 '○○로 화가 나신 거지요?'라고 확인해본다.

예를 들어 동료가 '네가 정리해 놓은 서류는 엉망이어서 다른 사람이 이용할 수가 없어!'라는 말을 했다고 가정해보자. 상대방의 말을 곧이곧대로 받아들이면 불평을 들은 것이기에 기분이 썩 좋지 않을 것이다. 이럴 때는 상대가 어떤 의도로 내게 그런 말을 한 것인지 곰곰이 생각해 보고 질문을 던져봐야 한다.

"정리한 게 엉망이 되어서 화를 내는 거야?"라고 물어보자, 상대방은 "그런 거 아니야!"하고 더욱 화를 내며 "아무것도 모르는군"이라며 핀잔을 한다. "아니면 서류 정리가 엉망이 되어서 다른 사람에게 불편을 끼친 게 마음에 들지 않는 거야?" 하고 다시 질문을 해보자. 이에 대한 대답도 "그런 거 아니라고 했잖아"라며 상대방은 한층 더 화를 낸다.

처음부터 상대방의 마음을 파악하는 것은 쉽지 않다. 하지만 끈기 있게 상대와 대화를 계속하면 정답을 알게 되기 마련이다. 그 동료는 항상 서류를 꼼꼼하게 정리해 두었는데, 내가 그것을 어지럽히니까 마치 자신을 함부로 대하는 것처럼 느끼고 있었던 것이다.

무엇이 문제였는지를 알게 되면 상대방의 마음을 이해할 수 있게 되고 관계를 개선할 수 있다. '늘 항상 깔끔하게 정리해줘서 고마워. 이제부터는 어지럽히지 않을게' 하고 친절하게 말을 건넬 수 있다. 그러면 상대방과의 신뢰 관계도 자연스럽게 두터워진다.

물론 실제 상황에서 이처럼 물 흐르듯이 순조롭게 풀릴 것이라고는 생각지 않는다. 화가 난 이유가 언급되었을 때 그것을 솔직하게 인정하는 사람도 흔치는 않을 것이다. 상대의 부정적 에너지를 자신의 힘으로 바꿀 수 있는 사람은 이런 커뮤니케이션을 머릿속으로 여러 차례 반복하는 사이에 정답을 이끌어낸다. 이러한 과정을 모르는 제3자의 입장에서 보기에는 갑자기 정답을 도출해낸 것으로 보일 수도 있을 것이다.

당장 대답을 찾을 수는 없더라도 머릿속으로 상대방의 감정을 유추하고 확인해 보자. 실패할지라도 상대와 대화를 나누며 다른 이유를 생각해보면 정답을 찾아낼 수 있을 것이다.

타인이 내게 불편한 감정을 부딪혀 오더라도 상대를 이

해하고 공감하고 상대를 배려함으로써 상대방의 부정적 감정을 유대감과 신뢰감으로 전환할 수 있다. 그리고 상대방과의 신뢰감으로 엮이면 두려움과 같은 감정을 억제하여 용기를 발휘하게 하고, 사람을 사회적으로 만든다.

<부정적 감정을 에너지로 바꾸는 유형 체크리스트>

여기에서는 당신이 어느 정도로 '타인의 부정적 감정을 나의 에너지로 바꿀 수 있는가?'를 체크리스트로 진단한다.

다음 체크리스트의 각 질문에 대해, 0~10점으로 점수를 매겨 보자.

'항상 그렇다'라고 생각하는 경우는 점수를 높게, '그러한 일은 전혀 없다'고 생각하는 경우에는 점수를 낮게 책정한다.

그 합계 점수로 당신이 어느 정도로 타인의 부정적 감정을 에너지로 바꿀 수 있는지를 진단한다.

□ 상사에게 지적을 받으면 긴장해서 온몸이 경직된다. [　　]점

□ 화를 참지 못할 때가 있다. [　　]점

□ (긴장 또는 분노로) 손이 덜덜덜 떨릴 때가 있다. [　　]점

□ 사람 앞에서 두근두근 떨릴 때가 있다 [　　]점

□ 사람 앞에서 긴장할 때가 있다 [　　]점

□ '그렇게 말했으면 좋았을 걸!'하고 후회할 때가 있다 [　　]점

☐ 주변 사람의 눈치를 자주 본다. [ ]점

☐ 주변 사람에게 미움을 받는 게 두렵다. [ ]점

☐ 자신보다 남을 더 우선시한다. [ ]점

☐ '오른 뺨을 맞으면 왼 뺨을 내밀어라'
라는 생각을 지니고 있다. [ ]점

☐ '타인의 이야기를 신중하게 들어야 한다'고 생각한다. [ ]점

☐ 자신보다 상대방이 옳은 말을 하고 있을지도 모른다고
생각할 때가 있다. [ ]점

☐ 집에서 혼자 반성의 시간을 가질 때가 있다. [ ]점

☐ 주변 사람에게 괴롭힘을 당하기 쉬운 캐릭터다. [ ]점

☐ 사람에게 곧잘 속는다. [ ]점

☐ 타인이 내게 충고하는 것이 거북하다. [ ]점

☐ 다른 사람이 나를 핍박하고 있다고 느낄 때가 있다. [ ]점

☐ 다른 사람의 잘못이 용서가 안 된다. [ ]점

□ 타인이 내게 화를 내면 패닉 상태에 빠진다. [ ]점

□ 사람들이 나를 싫어한다고 느껴질 때가 있다. [ ]점

□ 나만 주위 사람과 다르다고 느낄 때가 있다. [ ]점

□ 누구도 날 이해해주지 않는다고 느낄 때가 있다. [ ]점

□ 주위 사람이 날 이해해 주기를 포기할 때가 있다. [ ]점

□ 외톨이가 될까 봐 불안해질 때가 있다. [ ]점

□ 내게 피해를 준 사람을 절대 용서하지 못한다. [ ]점

<진단>

0~50점

타인의 부정적 감정을
완벽하게 자신의 에너지로 바꿀 수 있는 '창업가 타입'

창업가 타입은 타인의 감정에 휘둘리지 않으며 오히려 부정적인 감정이나 스트레스를 자신의 에너지로 바꾸어 활력 넘치는 삶을 사는 사람이다.
더 큰 성공을 이루고 싶거나 타인과의 일체감을 더욱 강하게 느끼고 싶다면 자신의 목표를 공익적 목표로 바꿔보자. 경쟁 사회에서 공익적 목표나 상대를 배려하는 마음이 쓸데없다는 생각들도 있지만, 공공의 이익을 위해 일하면 자신만을 위해 일할 때보다 더 큰 만족감을 느낄 수 있고 일할 때의 피로감도 덜하다. 또한 상대를 배려하는 마음은 더욱 끈끈한 유대감을 만들어 새로운 길을 모색할 수 있게 해주는 에너지가 된다.

51~100점

부정적 감정의 영향을
거의 받지 않는 '상사 타입'

타인의 부정적 감정을 지혜롭게 이용하여 그것을 상승기류로 만들어내는 사람이다. 주위로부터 미움을 받더라도 그 영향을 받지 않고 담담하게 자신의 이익을 위해 돌진한다.
그러나 상사 타입은 마음 한편으로는 존경받는 사람이 되기를 원하거나 좀 더 카리스마가 있는 사람이 되기를 원하고 있다. 그렇기 때문에 이러한 부분을 겸비한 사람을 보면 그 사람을 질투하는 경우가 있다. 그리고 자신이 상대를 질투하고 있음을 어느 정도 자각하고 있다.
다른 이들에게 존경받는 사람이 되고 싶다면 타인의 감정을 잘 살필 줄 알아야 한다. 모두 자신과 똑같이 외로움을 느끼고 있다는 것을 알면 한층 더 성장할 수 있을 것이다. 타인의 고독을 이해하고 감싸줄 수 있게 되면 저절로 사람이 모이게 되며 자신이 바라던 위엄 있는 모습을 자신도 모르게 가지게 된다.

101~150점

질투의 영향을 받으면서도
평범하게 살아가는 '평사원 타입'

평사원 타입은 '나는 튀지 않게 살아왔기 때문에 나를 질투하는 사람이 있을 리 없다'고 생각하는 사람이다. 그러나 튀지 않게 평범하게 살아온 것이 타인에게 미움받거나 질투받는 것을 두려워하기 때문이라는 것을 깨닫지 못하고 있다. 부자가 되기를 바라거나 야망을 가지면 주변으로부터 미움받을 것이라고 생각하기 때문에 자기 나름 현명하게 사는 법을 터득하고 있다.
현재의 안정된 생활에 변화가 생기는 것을 두려워하는 것은 타인의 언행에 크게 영향을 받는 사람이기 때문이다. 상대방의 말을 곧이곧대로 듣지 말고 왜 그런 말을 한 것인지, 말에 숨은 상대의 의도와 감정을 이해하려는 노력이 필요하다. 조금씩 연습을 하다 보면 타인의 감정과 부딪치는 것을 두려워할 필요가 없다는 것을 알게 될 것이다. 그러면 그동안 억압해왔던 감정이 분출되면서 보다 열정적이고 의욕적으로 살아가게 된다. 모든 일에 최선을 다하면 좋은 기회가 왔을 때 그것을 잡을 수 있는 역량도 생긴다.

151~200점

타인의 감정에 휘둘리며
자신이 뜻한 대로 살 수 없는 '예술가 타입'

자신에게 재능이 있다는 것을 은연중에 알고는 있으나, '기회가 오지 않아서' 또는 '내가 해봤자 잘될 리가 없다'는 생각을 가지고 있다. 자신감과 적극성이 부족하여 자신의 틀을 깨지 못하는 사람이다.
이처럼 자신감이 부족한 것은 주변 사람들의 부정적 감정에 크게 영향을 받고 있기 때문이다. 당신의 재능을 시기하여 깎아내리는 말을 들으면 '나의 착각은 아닐까?'라고 스스로의 재능을 의심하거나 불안해한다. 이는 뇌의 네트워크를 통해 주변 사람의 부정적 감정이 전염되어 자신감을 짓뭉개기 때문이다.
부정적 감정이 전염되면 자신감이 떨어지고 의지가 약해지게 된다. 예술가 타입의 사람은 타인의 감정에 민감하게 반응하기 때문에 자신의 생각이나 감정마저 타인에게 휘둘리기 쉽다. 그러므로 무엇보다도 부정적 감정에 휘둘리지 않고 오히려 자신의 에너지로 바꾸는 연습을 통해 변화되어야 한다. 스스로의 재능을 인정하고 자기 자신과 마주할 수 있을 때 자신감을 가지고 만족할 수 있는 삶을 살 수 있게 된다.

201~250점

남에게 질투받는 것을 두려워하는
'고고한 천재 타입'

뛰어난 재능으로 인해 어린 시절부터 주위 사람에게 질시받았기에 그 재능을 꽃피우지 못한 사람이다. 질투에 대한 공포심이 자신 안에 깊게 뿌리 내려 있기 때문에 다른 사람의 눈에 띄지 않으려고 항상 겸손하게 행동한다. 하지만 오히려 그런 행동이 업신여겨도 되는 사람으로 생각하게 만들어 주위로부터 공격받기 쉬워진다.
우선은 타인의 감정에 휩쓸리지 않고 스트레스를 자신의 에너지로 바꾸는 연습이 필요하다. 이 연습을 매일 반복하여 에너지 단계가 높아지면 질투의 영향에서 벗어날 수 있다. 그러면 자신이 가지고 있던 재능을 다른 사람의 눈치 보지 않고 온전히 발휘할 수 있게 된다.

2

감정에 지배되지 않는 굳건한 마음

: '돈'은 무엇보다도 강력한 질투심의 대상

앞에서 세뱃돈으로 동생에게 질투심 발작을 일으킨 나의 경험을 이야기한 바 있다. 여기서 눈여겨봐야 할 점은 질투심을 일으키는 잣대가 '돈'이라는 것이다.

나는 어린 시절 부모님으로부터 '친구 간에는 절대로 돈을 빌리거나 빌려줘서는 안 된다'는 가르침을 단단하게 받았다. 당시에는 왜 돈을 빌려주거나 빌리면 안 되는지 그 이유를 이해할 수 없었지만 부모님이 하시는 말이니 '해서는 안 되는 일'이라고 생각하고 그 가르침을 따르기로 했다.

그런데 어느 날 친구끼리 돈을 빌리고 빌려주는 장면을 목격하고는 왜 부모님께서 그런 말을 하셨는지 이해하게 되었다. 그때 내가 본 상황은 이렇다. 돈을 빌린 사람은 흔쾌하게 돈을 빌려준 친구를 '얘는 내 부탁을 들어주니까 나보다 낮은 위치에 있는 사람'이라고 인식해 버리는 것이다.

나보다도 아랫사람이라고 생각한 사람이 자신보다 돈이 많다는 사실에 질투하게 되고, 이 때문에 '계속 돈을 갚지 않는' 현상이 일어나는 것이다. 자신보다 아랫사람에게 빌린 돈이기 때문에 '갚을 필요가 없다'고 자기합리화를 하게 되는 것이다.

돈을 빌려준 사람도 마찬가지로 '얘는 이 정도 돈도 없구나' 하며 상대방을 자신보다도 아래에 있다고 인식한다. 그리고 '나는 돈을 빌려줘서 사고 싶은 것도 마음대로 사지 못하고 있는데 저 녀석은 내 돈을 맘껏 쓰고 다니고서는 갚지도 않다니!' 하며 부정적 감정을 품게 되고 주변 사람들에게 '저 녀석이 나에게 돈을 빌려서는 조금도 갚지 않는다'고 험담을 퍼트리고 다닌다. 상대를 미워하는 감정이 뇌를 지배하고 있는 상태이기 때문에 '돈을 갚지 않았으니까 안 좋은 소문이 퍼지는 건 당연한 이치야'하고 생각한다.

그리고 이 일이 상대의 귀에 들어가면 서로의 입장만 주장하며 싸우게 되고 결국 절교하자는 말을 꺼내기에 이른다. 사이가 좋았던 두 사람이었지만 그 관계에 돈이 끼어들자 이 너무나 쉽게 관계가 틀어진 것이다. 이러한 과정에서 보듯이 '돈'이 상대의 질투심을 부르는 원인이 되고 있음을 알 수 있다.

손해를 보면 감정이 머리를 지배한다

아르바이트를 하던 때였다. 당시 같은 시기에 채용된 동료가 있었는데 그의 시급이 나보다 100엔 높다는 사실을 알게 되었을 때 나는 스스로도 이해할 수 없는 행동을 했다. 분함이 가득한 표정으로 점장에게 다가가 '왜 저 사람이 저보다 시급이 더 높은 건가요?'하고 항의하였다. 점장은 그 이유에 대해 설명해주었지만 내게는 그 말이 덧없는 변명으로밖에 들리지 않아 돌연 '이제 그만두겠습니다'하고 나와버렸다.

이성적인 판단보다는 감정이 머리를 지배했던 그 순간의 나에게는 사회적인 예의나 전후 사정을 생각할 겨를이 없었다. 자본주의 사회에서 사람의 가치 또한 돈으로 정해지는 경우가 많다. 그렇기에 겨우 100엔이지만 점장은 나보다 동료를 더 높게 평가하고 있다고 생각하자 분노가 머리를 지배한 것이다. 이처럼 '돈'은 감정을 매우 쉽게 자극할 수 있다. 사람은 돈과 관련된 일에 쉽게 자극될 뿐만 아니라 그 증상이 특히 강하게 표출되기 때문에 특히 조심해야 한다.

마트에서 고기를 사서 나오려는데 '지금부터 타임 세일 행사가 시작되어 육류를 반값으로 판매합니다'라는 안내 방송이 들리면 손해를 봤다는 생각이 들어 화가 치밀어 오른다. 반값으로 육류를 구입한 사람들이 말도 못하게 얄미워 보이고 화가 나서 카트를 발로 걷어차버리는 등의 충동적인 행동을 한다. 그리고는 '다시는 이런 마트에 오나 보자!' 하는 생각을 하며 발길을 돌린다.

머릿속으로 그 마트를 떠올릴 때마다 손해를 봤던 당시의 상황과 부정적 감정이 떠오르면서 '마트 앞을 지나가는 것도 싫다'는 인상이 강하게 자리 잡는다. 보통 쇼핑을 하다 보면 할인받을 기회를 놓쳐 미처 싼 값에 구매하지 못하는 일이 종종 있기 마련인데, '나에게 이런 손해를 끼쳤어' 또는 '나 대신 혜택을 누린 사람이 있어'라는 생각에 부정적 감정이 머리를 지배하여 저 마트에만 가면 손해를 보게 된다는 공식이 머릿속에 자리 잡게 되는 것이다. 이런 식으로 가지 않게 되는 마트가 점점 늘어나게 되면 점점 장을 보는 것 자체가 불편해진다.

감정을 다스려 객관적 시각을 가져라

나는 상담을 통해서 많은 사람이 부정적 감정에 쉽게 휘둘리며 살아가고 있음을 알게 되었다. 그리고 감정에 자극을 받는 대부분의 원인에는 돈이라는 요소가 얽혀 있다는 사실을 알고 매우 놀랐었다.

세상은 돈이 없으면 살아갈 수 없다. 그만큼 우리의 삶에서 돈은 많은 부분을 차지하고 있다. 하지만 돈은 결국 수단이라는 것을 사람들은 잊고 있는 것 같다. 삶의 목표를 돈에 두면 오히려 돈이 모이지 않고, 나보다 돈을 잘 버는 사람을 쉽게 질투하게 된다. 맹목적으로 돈에 가치를 두기 때문에 쉽게 감정에 자극을 받아 비이성적인 행동을 일삼는다.

수단이었던 돈이 어느새인가 관계가 역전되어 목적이 되어버리고 돈에 휘둘리는 삶을 살고 있는 이들이 많다. 자신보다 돈을 잘 번다는 이유로 누군가를 증오하고 있지는 않은가? 돈에 집착할수록 감정은 메말라가고 돈은 내 손에서 빠져나간다.

자신의 감정을 다스리면 스스로를 객관적으로 바라볼 수 있고 문제가 무엇인지 찾아낼 수 있다. 마트에서 고기를 사고 나올 때 반값 세일을 시작했다면 억울한 마음에 다른 사람에게 분풀이를 하거나 원망하기보다는 구매했던 물품을 반납하고 다시 반값 세일을 하는 것을 구매하는 것이 현명한 대처일 것이다.

시야를 넓게 가지면 보다 나은 답을 찾을 수 있지만 감정에 휘둘리면 시야가 좁아져 여러 가지 선택지가 있음에도 오직 눈앞에 보이는 것만을 선택하게 된다. 그러므로 항상 감정이 치우치지 않도록 주의하면 보다 나은 미래를 선택할 수 있다.

3

오늘의 상처가 내일의 나를 강하게 만든다

트라우마가 당신을 지배하고 있다

과거에 심하게 마음의 상처를 입은 경험(트라우마)이 있는 사람은 상처 입었던 경험을 다시 떠올리게 되는 '플래시백' 현상에 시달릴 때가 있다. 예를 들어 자동차 사고가 마음의 상처가 된 경우, 그 사고로부터 10년이라는 긴 시간이 흘렀더라도 차를 타면 교통사고가 난 상황이 떠올라 공포에 사로잡힌다. 이렇게 갑자기 닥쳐오는 공포는 무의식 깊은 곳에 자리 잡고 있기에 자기 의지로 극복하기가 매우 힘들다.

수시로 몰려오는 갑작스러운 공포에 노출된 사람은 무의식중에 '내게 공포심을 심었던 것과 똑같은 경험을 하면 없어질지도 모른다'는 극단적인 생각을 하게 되고 트라우마가 되었던 상황을 재현하게 되는 경우가 드물게 있다. 앞의 경우를 예로 들자면, 스스로 교통사고를 일으키게 되는 것이다. 이것을 '트라우마의 재현'이라고 한다.

돈에 대한 강한 후회감을 수시로 느끼는 사람이 있다. 그런데 '돈이 없는 불안함' 또한 마음의 상처에서 오는 플래시백일 가능성이 있다. 과거에 돈과 관련해서 심하게 상처를 입은 경험이 있는 사람은 그 기억을 떠올리면 돈이 없다는 사실에 비참하고 불쾌한 기분을 느끼게 된다.

이런 불쾌한 감각에서 벗어나기 위해 마음의 상처를 입었던 상황을 다시 경험하려고 한다. 다시 말해, 또 돈을 잃게 되는 행위를 저지르게 되는 셈이다. 트라우마의 재현을 되풀이하면서 마음의 상처를 더 크게 만들고 만다.

뇌의 네트워크는 상대방을 의식했을 때에 연결된다. 미래의 자신이 ‘그때’와 현재의 나를 주목하고 있으므로, 미래의 내가 후회하는 감정이 고스란히 전달되어 오는 것이다.

트라우마의 재현이 일어났을 때 과거와 똑같이 행동한다면 미래의 내게는 후회하는 일만이 남을 뿐이다. 그러므로 미래의 나는 현재의 나에게 어떤 어드바이스를 할 수 있을지 생각해 본다. 그러면 ‘이 시점에서는 근성 하나로 밀고 나가는 게 좋겠어!’ 등과 같은 의지가 자신에게 전달된다. 그 의지 그대로 실행해 나가면 트라우마 체질이 개선되어 간다.

H씨는 충동적으로 회사를 그만두고 다른 회사로 이직하였다. 하지만 얼마 지나지 않아 ‘왜 그때 좀 더 참지 않고 이직해버렸을까?’하고 후회에 빠지게 되었다. 지금 다니는 회사 월급 명세서를 보거나 아무리 기다려도 늘어나지 않는 적금통장의 잔액을 떠올릴 때면 ‘이전 회사에서만큼 월급을 받고 있었다면 훨씬 많이 모았을 텐데’하는 후회에 마

음이 괴로워졌다.

또한 '경제적으로 여유가 있을 때 왜 투자를 해 두지 않았지?'하며 후회한다. 친구는 적은 돈으로도 꼼꼼히 투자를 하여, 착실하게 돈을 불려 나가고 있는데, 자신은 '기회가 되면 해보자'는 생각만 가지고 있을 뿐 한참의 시간이 흘러도 실행으로 옮기지 않는다. 이렇게 주저하는 사이에 투자할 돈은 바닥을 보였고 기분은 절망적이었다.

그녀는 자신이 후회할 만한 행동을 반복하는 이유가 '트라우마 체질' 때문이라는 말을 듣고 깜짝 놀랐다. 하루가 멀다고 할 만큼 후회를 했던 이유는 같은 일을 다시 반복하려는 트라우마 체질이 되어버렸기 때문이었다.

이 후회를 반복하는 체질을 고치기 위해 어떤 선택을 앞두고 있을 때마다 미래의 내가 지금의 선택을 후회하지 않기 위해서는 어떻게 해야 하는지 고민한 후 행동으로 옮겼다.

'미래의 자신이라면 현재의 자신에게 어떤 조언을 해줄 수 있을까?' 하고 생각하자 사고의 폭이 넓어졌고, '직장이나 친구 이외의 인간관계를 넓혀 보는 게 좋겠어!'라는 생각이 떠올랐다. 그녀에게는 짐작 가는 바가 있었다. 예전부터 등산에 흥미가 있어서 관련된 모임에 참가해 보고 싶다고 생각했지만 막상 시작하려니 귀찮기도 하고 돈도 적지 않게 들기 때문에 망설인 적이 있었기 때문이다.

더 이상 후회하지 않기 위해서 우선 행동으로 옮겼다. 인터넷으로 등산 동호회를 검색하여 회원 가입을 하고, 실제로 참가해 보니 지금까지 자신의 주변에 없었던 유형의 사람들을 만날 수가 있었으며, 같은 취미를 가진 사람들이었기에 그들과의 대화가 무척 즐거웠다. 산길을 걸으면서 회원들과 일에 대한 상의를 하자 인생에 도움이 되는 여러 가지 조언도 들을 수 있었다. 그들의 조언을 업무에 적용했더니 점차 직장에서도 인정받게 되었다. 그때까지 고통스러웠던 업무가 즐겁게 변화되어 갔다.

후회를 반복하고 있다면, 미래의 자신이라면 내게 어떤 조언을 해줄지 생각해보자. 분명 지금껏 생각하지 못했던 선택지를 떠올릴 수 있을 것이다.

4

운을 끌어당기는 감정 습관

⁑ 내 운을 뺏기고 있다는 착각에서 벗어나라

동창회에 참석해 보면 학창 시절에 자신보다 공부도 못했던 친구가 지금은 자신보다 연봉이 높은 경우를 종종 볼 수 있다. 그 사실을 알게 되면 그 친구를 향한 질투심이 치밀어 올라 '넌 공부를 참 못해서 그때는 바보가 아닌가 했어' '모두에게서 집단 따돌림을 당해 울고불고 난리도 아니었지! 참 징글징글했어!' 하며 상대를 매도하는 말을 거침

없이 내뱉기도 한다.

이것은 '자신보다 상대의 연봉이 높다'는 사실에 상대를 질투하게 되어 일어난 상황인데, 이렇게 무자비하게 상대를 매도하는 것은 '상대를 비참한 기분에 빠트리는 것' 외에는 의미가 없다.

상대를 비참하게 만들면 자신이 상대방보다 더 나은 위치에 있으며 그 사람이 가진 운을 자신이 뺏을 수 있다고 생각하기 때문이다. 질투로 인해 비이성적인 행동을 보이는 것은 무의식에 존재하는 본능의 표출과 같아서 정작 본인은 그런 행동에 의미를 부여하지 않는다. 하지만 사실 이런 행동에는 '상대를 내 밑으로 끌어내리면 상대가 누리고 있던 부와 행운을 내가 받을 수 있을지도 모른다'는 본능적인 목적(의도)이 있는 것이라고 생각된다.

또는 친구의 연봉이 높아질수록 나만 뒤처지게 된다는 생각에 소외감을 느끼게 되고 괴로운 현실을 부정하기 위해 상대방을 깎아내리는 것이다. 이처럼 상대방과 비교함으로써 자신이 '초라하고 가엾은 존재'라고 생각되며 고독감을 느끼게 된다. 자신이 느끼는 고독감을 해소하기 위해 상대방을 매도하고 비참함에 빠트림으로써 자신만 비참하고 고독한 것이 아니라는 상황을 만들려 하는 것이다.

그러나 타인을 비난하는 것으로는 아무것도 해결할 수 없다. 상대를 비난하고 깎아내리는 행위는 결국 자신을 깎아내리는 결과를 만들 뿐이다. 순간의 감정에 휩쓸리지 말고 상대의 현재를 축복해주자. 상대를 높여줄 때 나도 존중받을 수 있다. 타인과 비교하지 말고 자신을 온전히 바라보면 자존감이 상승하여 자기 일에도 자신감이 생기고 성과도 커진다.

강박성 체질로 인해 항상 초조하다

시도 때도 없이 지갑이나 통장과 눈싸움을 하며 도대체가 돈이 모이지 않는다며 한탄하는 사람이 있다. 이러한 사람들이 돈을 저축하지 못하는 이유 중 하나는 불안해하거나 조바심을 내면서 지속적으로 뇌에 스트레스를 주고 있기 때문이다.

돈이 없다는 사실에 매달려 초조한 모습을 하고 있으면 타인에게 '여유가 없다'거나 '궁상맞다'는 인상을 주게 된다. 부족함 없이 윤택한 생활을 하는 사람은 이처럼 여유가 없는 사람과 가까워지려 하지 않기 때문에 주변에도 자신처럼 '돈이 없는' 사람만 모이게 되고 좋은 기회도 찾아오지 않게 된다. 더욱 안 좋은 것은 자기와 마찬가지로 자신처럼 돈이 없어서 고민하는 사람들끼리 모여서는 발전할 수 있는 기회를 만들기는커녕 서로의 발목을 잡게 된다.

또 다른 이유로는 타인의 부정적 감정에 전염되는 것을 들 수 있다. 돈이 없어서 항상 초조한 모습을 보이면 타인에게 약자로 취급받게 되고 그로 인해 타인의 부정적 감정에 노출되기 쉬워진다.

모든 노력을 다해 돈을 관리한다고 해도 주위 사람의 부정적 감정이 전염되면 뇌에 자극을 받아 우울한 상태에 빠져버린다. 그러면 의욕이 저하되어서 돈을 저축해야 한다는 사고력이 떨어진다. 본인은 돈을 저축하기 위해 나름 열심히 아끼면서 살고 있다고 생각하지만, 타인의 감정에 영향을 받은 상태에서는 사고력이 제대로 작동되지 않아 실제로는 낭비를 하는 일이 많아진다. 그래서 스스로는 아낀다고 생각하지만 결과적으로 돈을 모으지 못하게 되어 버리는 것이다.

이처럼 돈이 없다는 사실에 집착하게 되는 것은 '강박적으로 사고'하는 뇌의 부위가 활발하게 활동하는 체질로 변해 버렸기 때문이다. 그래서 항상 돈이 없다는 생각을 반복적으로 하며 낭비했던 사실을 계속 후회하게 되는 것이다.

운을 부르는 작은 습관

이러한 강박성 체질을 바꾸기 위한 방법 중에 '2,000엔 모금'이라는 것이 있다. 이 방법은 돈이 없다는 사실에 불안함을 느낄 때면 편의점 등에서 시행하는 모금함에 2,000엔을 넣는 것이다. '그런 일을 하면 오히려 돈이 더 없어지잖아'라는 생각이 들 것이다. 하지만 실제로 모금함에 돈을 넣어 보면 그 효과를 실감할 수 있게 된다. 그리고 모금함에 돈을 넣는 과정을 거치면서 체질이 개선되어 점차 저축을 할 수 있는 체질로 변화되어 간다. 2,000엔 모금으로 체질을 변화시킨 Y씨의 이야기를 들어보자.

Y씨는 이렇게 뼈가 빠지게 일을 하는데 어째서 돈이 모이지 않는 것인지 모르겠다며 불안감에 빠져 있었다. 주변의 동기들은 결혼하여 차츰 출세의 길을 찾아가고 있는데 자신은 상사의 인정을 받지 못한 채 발전적인 일을 하지 못하고 계속 잡다한 업무나 보는 상태가 지속되고 있었다. 그 때문에 월급도 전혀 오르지 않았다. 이러한 스트레스를 몇 년 동안 계속 받으면서 근근이 버티고 있었다. 늘 바쁜 업무에 오로지 회사와 직장만 오가는 생활을 하는데도 늘 얄팍한 지갑 속과 잔액이 조금도 늘지 않는 통장을 보면서 돈이 모이지 않는 이유에 대해서만 강박적으로 생각하고 있었다.

돈을 전혀 모으지 못하는 사실에 고민하던 그는 상담을 하게 되었고, 자신이 그동안 돈을 모으지 못했던 이유가 강박성 체질 때문임을 알게 되었다. 그리고 이 체질을 변화시키는 방법으로 '2,000엔 기부'의 방법을 제안받았다. 처음에는 금액이 부담스러워서 망설였지만 자신의 강박성 체질을 바꾸기 위해서 눈 딱 감고 도전해 보기로 하였다.

이 방법은 자신이 돈이 없다는 사실에 집착해서 강박적으로 '돈이 없다'는 생각을 하게 때마다 2,000엔을 기부하는 것이었다. 돈이 많지 않은 상황에 2,000엔이라는 금액을 소비하는 방법이 아무래도 내키지 않았지만 달리 말하면 '돈이 없다'는 생각을 하지 않으면 돈을 쓰지 않아도 된다는 것이다. 그래서 돈이 없다는 생각을 떠올리지 않도록 유념하면서 하루하루를 보냈다.

그러나 어느 날 동료와 함께 식사를 할 때였다. 자신은 값싼 덮밥을 시켰는데 동료가 비싼 A정식을 주문한 것을 보자 '나는 돈이 없어서 비싼 걸 먹을 수 없다'는 생각을 하게 되었다. 그 순간 아차! 싶었지만 그래도 체질을 바꾸기 위해 결심했던 것이기에 식당 옆에 있는 편의점에 들어가서 큰마음을 먹고 모금함에 2,000엔을 투척했다.

재밌는 점은 그런 그의 행동을 본 동료의 시선이 바뀌었다는 것이다. 평소 그 동료는 언제나 '짠 내 폴폴 나는 궁상맞은 사람'이라고 말하는 듯한 시선을 보내왔던 사람이었는데 자신이 기부하는 모습을 본 뒤로 동료의 시선이 바뀐 것이다. 그런 모습을 보자 조금이지만 자랑스러운 기분이 들며 마음이 가벼워졌다.

또 다른 날 Y씨는 문구를 구매하려고 전문매장에 갔는데 가격이 예상외로 비싸서 '돈도 없는데 할인매장에서 싼 걸 사야겠다'는 생각을 하게 되었다. 또 '돈이 없다'는 생각을 하여 2,000엔을 기부해야 한다는 사실에 탄식하며 문구를 사지 않고 근처 편의점에 가서 2,000엔을 모금함에 넣었다. 그 광경을 힐끗 본 점원의 감탄하는 시선을 느끼고는 살짝 우월감이 느껴져서 묘한 기분이 들었다.

그는 집으로 돌아가면서 반드시 필요한 것이 아니었음에도 문구를 사려고 했었다는 사실을 상기하게 되었고, 사실 지금까지 돈을 모으지 못했던 이유 중 하나가 쓸데없는 소비를 하였기에 때문임을 깨닫게 되었다.

그 후에도 그는 몇 번의 2,000엔 기부를 반복하였지만 점차 체질이 개선되어서 그 빈도가 줄었고, 무엇보다도 '돈이 없다'는 사실에 집착하지 않게 되어 삶의 태도에 변화가 생겼다. 기부를 하면서 어딘지 모르게 배짱이 두둑해진 그는 이전과 비교해서 확연하게 자신감 있는 모습을 보였다.

회사에서도 예전 같았으면 업무 중에 늘 자신감이 없어서 회의 때마다 쭈뼛쭈뼛하며 의견을 말하지도 못했을 텐데 이제는 당당하게 의견을 제시하였고 상사와 대등한 대화를 할 수 있게 되었다.

그렇게 자신감 넘치는 태도로 일을 하자 상사에게서도 인정을 받을 수 있었고 때마침 시작된 인사평가에서 상사가 '신뢰할 수 있는 업무 능력'을 가진 사람이라고 평가를 해준 덕분에 진급할 수 있었다.

체질이 바뀌었기 때문에 진급했다는 사실에도 쉽게 들뜨지 않고 진득한 태도로 업무에 열중할 수 있었다. 그러자 기회가 차츰차츰 찾아왔고 직장에서의 위치도 서서히 올라갔다. 어느 새 2,000엔 기부를 하는 횟수가 확연하게 줄어들었고 자신이 강박성 체질에서 벗어나고 있음을 느꼈다.

별 거 아닌 것처럼 보이는 방법이지만 기부를 함으로써 사람들의 시선이 바뀌고 스스로의 사고방식과 태도에도 변화가 생긴다. 처음에는 단순히 체질을 고치기 위한 수단으로 기부를 한 것이었지만 자신을 변화시키는 소비 패턴을 가지게 되었고 이런 작은 행동이 쌓이면서 쓸데없는 낭비를 하지 않게 되었다. 그리고 그의 태도가 변화하여 상사에게 좋은 평가를 받고 있던 그 순간에 마침 인사평가가 시작되었기에 진급도 할 수 있었다. 체질의 변화를 시작으로 운의 상승 기류에 올라탄 것이다.

항상 남의 험담을 늘어놓는 '지적하는 체질'

타인에 대해서 늘 단점을 지적하는 사람이 있다. 타인에 대한 불평불만을 쉴 틈 없이 내뱉는다. 조용히 있다가도 어느새 보면 주변 사람에 대한 푸념을 늘어놓고 있다.

이런 사람의 경우 특히 문제가 되는 것은 자신이 남의 험담을 하고 있다는 사실을 알아차리지 못한다는 것이다. 그 사실을 누군가에게 지적을 받으면 오히려 '내가 그렇게 뒷담화를 하고 있었냐고 반문을 한다. 자신이 항상 남의 험담을 하고 있다는 자각이 전혀 없는 것이다.

남의 험담을 하면 긴장성 호르몬이 분비되어 나오기 때

문에 상상력 호르몬이 잘 분비되지 않는다. 그러므로 일을 할 때도 창의성이 없어서 업무가 향상되지 않고 돈을 모을 때도 획기적인 저축 방법을 떠올리지 못해서 계속 돈을 모으지 못한다.

남의 험담을 하거나 단점만을 콕콕 짚어내는 행위는 뇌의 직감력을 담당하는 부위의 기능을 방해한다. 그러므로 무엇을 해도 생각했던 것만큼의 결과를 얻지 못하고 항상 손해를 보는 결과를 만들게 된다.

긍정적인 생각이 운을 끌어당긴다

하나의 둥지에 사는 개미는 2:6:2의 비율로 각각 '일하는 개미'와 '일하는 척하는 개미' 그리고 '일하지 않는 개미'로 나뉜다고 한다. 그중에서 일하는 개미만 선발하여 새로운 집단을 만들면 어떻게 될까? 다들 힘을 합쳐 열심히 일을 할까? 일반적으로 생각하면 일하는 개미만 모인 우수한 집단이 될 것 같지만 신기하게도 그 무리 안에서도 자동으로

2:6:2의 비율로 그룹이 나뉜다고 한다.

이처럼 '운이 좋은 사람'과 '운이 나쁜 사람'의 비율도 정해져 있다. 당신이 운이 없는 사람이라고 생각한다면 그 이유는 험담하는 체질 때문일 수 있다. 타인의 험담을 할 때는 직감력이 하락하기 때문이다. 지적하는 체질을 바꾸면 직감력이 원활하게 작용하여 업무 능력도 향상되고 돈도 잘 모을 수 있게 된다. 험담하고 싶어지는 상대가 보이면 그 사람을 피하자. 아예 접촉을 피하면 험담의 굴레에서 허우적대지 않고 직감력을 잘 활용하게 되면서 행운을 가져오는 체질로 바뀐다.

T씨는 잘 생기고 머리도 영민하지만 타인의 험담을 자주 하는 단점을 가지고 있었다. 항상 알 수 없는 분노에 휩싸여 있었고 주위에 그 분노를 터트리듯이 타인의 험담을 하거나 정치가에 대한 불만, 그리고 자기비판을 끊임없이 늘어놓았다.

동료와 식사를 하고 있는 중에도 '왜 나는 이렇게 고생하며 궁핍한 생활을 하지 않으면 안 되는 거야!' 하며 자신의 부족함에 대한 불만을 터트린다. 그 말을 들은 동료는 마음속으로 '너는 항상 불평불만만 입에 달고 사니까 운이 도망가는 거야'라고 속으로 생각했지만 그 말을 입 밖으로 꺼내면 험담의 대상이 자신이 될 것임을 알고 있기 때문에 그 말을 전하지 못한다.

한동안은 이 동료도 곁에 있어주었지만 끊임없이 불평이나 험담을 듣고 있는 것이 고통스러워 그를 피하게 된다. 그렇게 한 사람 또 한 사람씩 T씨에게서 멀어져 갔기에 그는 나날이 고립되었다. 그런데도 T씨는 동료와 협력회사 사람들의 험담을 머릿속으로 계속하고 있었다.

자신의 주변에 남은 사람이 없자 자신에게 문제가 있다고 생각한 그는 내게 상담을 받으러 왔다. 그 상담을 통해서 자신이 '지적하는 체질'임을 알게 되었고, 체질을 변화시키는 방법으로 '험담을 하면 불운이 온다'는 생각을 하게 되었다. 그리고 타인에게 신경 쓰지 않는 연습을 시작했다. 상대방에 대한 신경을 끊으면 험담도 하지 않게 될 것이기 때문이다.

그 후부터 누군가의 험담을 늘어놓고 싶을 때마다 험담을 하면 불운이 오니까 해서는 안 된다고 생각하고 상대의 단점을 지적하기보다는 장점을 찾고 긍정적으로 바라보는 연습을 꾸준히 하였다. 상대의 장점을 찾게 되자 험담을 하고 싶어지는 사람에 대해서도 조금씩 수용하게 되었다.

이러한 변화를 실감하기 시작했을 즈음 '우리 회사에 와서 일해 주시지 않겠어요?' 하는 스카우트 제의를 받게 되었다. 처음에는 '왜 나 같은 사람을 스카우트하는 거지?' 하고 또 자기비판을 하려다가도 부정적으로 생각하면 불운이 온다고 생각하니 지적하는 행위를 멈출 수 있었다.

그렇게 조건을 정확하게 듣고 납득한 후에 이직을 받아들였다. 새로운 직장에서도 험담을 하고 싶어지는 사람을 피하고 긍정적인 시선으로 바라보자 점점 운이 붙어 우수하고 실적도 좋은 동료들과 함께 일할 수 있었다. 일을 하면서도 즐거운 마음으로 일을 할 수 있었으며, 지금껏 느끼지 못했던 팀과의 일체감을 느꼈다. 스노우볼이 굴러가듯 작은 운이 큰 운을 불러와서 나중에는 주변 팀원들의 추천으로 팀장이 되는 기회도 얻었다.

어느 순간 정신을 차리고 보니 갖고 싶었던 외제 차를 운전하고, 입고 싶었던 슈트를 입고 당차게 거래처와 상담을 진행하고 있는 자신이 있었다. 남을 쉽게 지적하고 험담하는 체질을 바꾸자 직감력이 뛰어나졌고 자신에게 운을 가져오는 방법을 깨달았기 때문이다.

5

걱정은 그만하고 행동으로 옮겨라

스트레스를 가슴속에 쌓아만 두는 체질

매우 성실하고 예의 바르며 의리가 있고 꼼꼼한데다가 인내심이 강한데도 이상하게 발전이 없는 사람이 있다. 이는 스트레스를 내면에 담아두고 발산하지 않기 때문이다.

이러한 체질을 가진 사람은 항상 올바른 행동을 하며 타인도 그래야 한다고 생각한다. 그래서 주변에 있는 행동이 올바르지 않은 사람을 보면 스트레스를 받는다. 이처럼 상식적이고 견실한 사람은 쌓아 둔 어지간한 일로는 스트레스를 밖으로 표출하지 않는다. 인내심이 강하기 때문에 얼마 동안은 스트레스를 쌓아 둘 수 있다.

그러나 어느 순간 인내심의 한계를 넘어 스트레스가 폭발해 버리는 경우가 있다. 그동안 쌓아왔던 스트레스를 한꺼번에 분출하기 때문에 스스로 인지하지 못하는 비이성적인 행동을 그로 인해 모처럼 쌓아온 인간관계를 망가트려 버리거나 쓸데없는 곳에 돈을 함부로 쓰는 등의 행동을 반복한다.

특히 이런 사람들의 특징은 자신은 그동안 계속 부당한 일에 대해서도 참아 왔으며 자신이 화를 내는 것은 정당한 것이라고 생각한다는 것이다. 잘못된 것에 대한 정당한 분노이므로 자신에게는 잘못도, 후회도 없다고 생각한다.

이 체질을 가진 사람은 성실한 성격 탓에 늘 자신이 먼저 앞일을 판단하고 앞서 생각하는 버릇이 있다. 어떠한 일을 하기에 앞서 '어차피 해도 소용이 없을 거야' '결과는 이미 정해져 있어'라고 생각하기 때문에 시도조차 하지 않는다.

이는 앞일을 생각하면 미래에 대한 불안이 자신의 모든

감정을 지배하여 걱정이 앞서기 때문이다. 당장 뭔가 손을 써 두어야만 한다는 걱정이 앞설 때는 오지 않은 미래의 일보단 '현재에 충실하자'고 생각하자. 그러면 '뭐, 어떻게 되겠지!'하고 마음속의 걱정을 내려놓을 수 있게 된다.

⁝ 스트레스는 자신도 모르게 표출된다

I씨는 눈치가 빠르고 부탁을 받은 일은 완벽하게 소화해내는 사람이었다. 그래서 회사에서는 심부름꾼 같은 존재가 되어 있었다.

하지만 어느 날 I씨보다 업무 능력이 떨어지는 사람이 승진하는 일이 생겼다. 그는 겉으로는 드러내지 않았지만 그 사실을 납득하지 못했고 '왜 내가 아니고 저 녀석인 거야?'하고 부글부글 분노가 치밀었다. 하지만 그는 강한 인내심과 견실한 성격의 소유자였으며 '지금 화를 낸다 한들 어떤 이득도 볼 게 없다'는 생각에 그저 묵묵히 자기 업무를 수행하였다.

그러나 한편으로는 자신이 더 유능한데 왜 승진을 하지 못했는지 여전히 받아들이지 못하고 있었으며, 상사에게 자신의 실력을 인정받지 못하고 있다는 생각이 들어 이직을 고민하기 시작했다. 이런 상황에 대해 아내에게 살짝 상의를 하자 의외로 아내는 '아~ 그럴 수도 있겠네'라며 납득을 하는 게 아닌가. 뭐가 그럴 수도 있겠냐는 거냐며 물어봐도 아내는 좀처럼 말을 꺼내려 하지 않았다. "꼭 가르쳐 주었으면 좋겠어"하고 부탁하자, 아내는 마지못해 "당신은 때때로 주위 사람에게 역정을 내잖아"라고 충격적인 발언을 했다.

"내가 당신에게 화를 낸 적이 있었나?"하고 묻자, "당신은 내가 잘못한 일이 있을 때 '쯧쯧' 하고 혀를 차고는 하지. 그건 굉장히 상처받는 일이거든! 그런 당신의 태도를 본 후에는 언제나 무시당하는 기분이 들어"라고 말하는 것이었다. 이에 I씨는 내가 화를 내면 당신이 기분 상해하니까 간신히 참고 있을 뿐이라고 했지만, "그래도 나한테는 당신이 화가 났다는 게 충분히 전달되기 때문에 그것만으로도 충분히 상처를 받아"라고 말하는 것이었다.

남성은 자신이 화를 내었을 때 아내가 어떤 상처를 받을지 예상하고 있었기에 꾹 참고 화를 내지 않으려고 노력했다. 하지만 스트레스를 제대로 올바르게 발산하는 방법을 모른 채 살아왔던 그는 자신도 모르게 혀를 차는 식의 불량한 태도로 타인에게 스트레스를 표출하고 있었던 것이다.

그는 아내에게 이러한 사실을 들은 후 회사에서도 이와 똑같은 행동을 하고 있었다는 것을 깨달았다. 그래서 자신이 일은 잘하더라도 주위 사람에게서 인망이 없었다는 사실이 보이기 시작했다.

걱정은 그만하고 지금 할 수 있는 것을 하라

그는 아직 오지도 않은 일에 대한 걱정이 많은 사람이었다. 앞일을 걱정하다 보니 초조함에 울컥 화가 치밀 때가 많던 그였지만 앞일을 걱정하기보다는 현재에 충실하자고 생각하자 타인의 실수에도 예민하게 반응하지 않을 수 있었고 지금 하는 일에 더욱 집중할 수 있었다. 그렇게 타인을 대하는 태도에 변화가 오자 그때까지 무례하게 굴었던 부하 직원이 그에게 존경의 눈빛을 보내며 살갑게 질문을 해오기 시작했다.

앞일을 미리 예상하고 걱정하기보다는 지금 이 순간 할 수 있는 일에 온 힘을 다하자 주변 사람들의 지지를 얻기 시작했으며 여러 사람들과 협력할 수 있게 된 것이다.

또한 기쁘게도 아내와의 관계도 개선되어 예전보다 신뢰가 간다는 말을 들을 정도였다. 부부 관계에서 오는 스트레스가 없어졌기 때문인지 아내도 성향이 적극적 바뀌어 일을 시작하게 되었다.

우리의 삶을 변화시키는 것은 아주 작은 것에서 시작된다. I씨는 스트레스를 받아도 잘 참으며 화를 내지 않는다고 생각했지만, 사실 스스로도 인지하지 못하는 자신의 태도에서 스트레스가 표출되고 있었던 것이다. 앞일에 대한 걱정을 한다고 해서 답이 나오지는 않는다. 오히려 스트레스만 쌓이게 할 뿐이다. 지금 자신이 할 수 있는 일에 최선을 다할 때 좋은 결과도 따라온다.

‘확신’은 감정적 반응이다

꿈을 가지는 것은 중요하다는 말을 곧잘 들어보았을 것이다. 하지만 꿈을 가지고 있어도 현실이 조금도 나아지지 않는 사람들이 있다. 어떤 여성은 근사한 사람과 만나 억대의 연봉을 받으며 휴가철에는 하와이로 가족 여행을 떠나는 행복한 삶을 꿈꾸고 있었으나, 꿈과 현실은 멀어져 가고만 있었다.

자신의 꿈을 지인에게 이야기하자 “헛꿈 좀 그만 꿔”라는 말을 들었다. 그러나 본인은 ‘아니, 그건 헛꿈이 아니야. 난 이룰 수 있어’라고 굳게 믿으며 꿈이 현실이 되는 기분에 사로잡힌다. 마치 자신이 살고 있는 현실과 다른 사람들이 말하는 것들 사이에는 생각의 차가 존재하며 자신이 상상하는 쪽이 더 옳다는 생각도 들지만 현실에 어떠한 변화도 가져오지 않는다. 어떻게 하면 꿈을 이룰 수 있을 것인지조차 점점 생각할 수 없게 된다.

이러한 ‘망상 체질’을 가진 사람들을 본 주위 사람들은 ‘왜 저 사람은 생각만 하고 꿈을 향해 노력하지 않는 것일까?'라는 생각을 가지게 된다. '억대의 돈을 벌겠다'는 꿈을 이야기하면서도 '그렇다면 어떻게 해서 그 지점에 도달할 것인가?' 하는 노력을 전혀 찾아볼 수 없다. 결국 주변 사람들로부터 '망상꾼'이라며 아무도 상대해 주지 않게 된다. 현실을 일깨워주는 주변 사람들이 사라지면 더욱 자기 혼자만의 망상에서 벗어나지 못하게 되어버린다.

이러한 배후에는 재미있는 현상이 있다. 어떤 사람이 용한 점쟁이에게 "제가 시험에 합격할까요?"하고 질문하자, 점쟁이는 "합격합니다!"하고 점을 쳐 주었다. 그러자 점을 본 사람은 '용한 점쟁이가 합격한다고 했으니까 잘 될 거야!'라고 생각하며 그때부터 공부를 게을리하게 된다. 그러자 보기 좋게 시험은 불합격이 되었고, '그 점쟁이에게 속은 거야!'라며 한탄하였다.

이 이야기의 요점은 노력이 쌓이지 않으면 결과도 없다는 것이다. 점을 쳐서 결과를 알기 전이었다면 분명 시험에서 합격하기 위해 열심히 공부했을 것이고 그에 합당한 결과도 얻었을 것이다. 하지만 점쟁이의 말에 무조건 합격할 것이라는 헛된 확신을 가졌기에 자기가 꿈에 그렸던 세계로부터 점점 멀어진 것이다.

이러한 결과가 나온 것은 점쟁이의 말을 이성적으로 판단하기보다 감정적으로 확신했기 때문이다. 사람은 전문가에게 확신을 받으면 불안감에서 벗어난다. 시험 합격에 대한 불안감을 가지고 있던 그는 '점쟁이(전문가)'가 합격을 할 것이라고 확신을 해주자 감정적으로 반응하였고 그 말을 맹신하게 된 것이다.

❖ '미래의 자신이 라이벌'이라는 생각이 삶을 변화시킨다

이처럼 망상 체질을 가진 사람은 무조건 자신에게 유리한 미래를 꿈꾸기 때문에 현재 노력하는 것을 등한시하게 되고 점점 자신이 꿈꾸던 미래에서 멀어지는 상황을 야기하게 된다.

이러한 망상 체질을 고치는 쉬운 방법이 있다. 자신이 꿈꿔온 미래의 자신을 라이벌이라고 생각하는 것이다. 감정적으로 확신해온 존재가 라이벌이 되면 현재의 자신과 미래의 자신을 별개의 존재로 인식할 수 있다. 그러면 의도하는 바를 현실로 만들기 위해 '미래의 자신을 초월하려면 무엇을 할 수 있을까?' 하고 고민하게 된다. 그리고 자연스레 이를 위해 필요한 활약(노력)들을 하게 되며 점점 현실의 자신의 모습이 자신이 상상해오던 모습으로 변해 가게 된다.

마트 계산대에서 아르바이트를 하던 한 여성은 '억대의 돈을 벌고 싶다!'고 주변에 말하고는 했다. 그 말을 들은 주위 사람은 '벌 수 있다면 좋겠네요' 하며 안쓰러운 눈빛으로 자신을 바라봐 씁쓸한 기분을 느끼게 한다. 아르바이트만으로는 거의 생활비로만 충당되는 정도여서 저축도 거의 하지 못하는 빈곤한 생활을 지속하고 있었다.

그러나 '억대 벌이'라는 꿈을 생각하면 왠지 모르게 당장 실현된 듯한 기분이 드는 탓에 좋은 물건을 갖고 싶다는 생각이 앞서 고가의 물건을 사 버리게 된다. 그러나 현실은 언제나 카드 명세서에 쫓기는 나날이었고 굉장히 초라하고 불안한 상태에 빠져 있었다.

그럼에도 불구하고 자신의 지나친 소비가 망상 때문임

을 인식하지 못하고 있던 그녀는 상담을 하게 되었고 자신이 '망상 체질'이라는 것을 알게 되었다. 그리고 '미래의 자신을 라이벌'이라고 생각하는 것만으로 체질 개선이 가능하다고 하여 실천하였다.

상상 속의 억대 수입을 올리고 있는 자신을 항상 떠올리면서 자신을 뛰어넘기 위해서는 어떻게 하면 좋을지를 생각했다. 발전하기 위해 끊임없이 노력했기에 점차 자신감이 붙었고 이전의 자신감 없던 모습은 자취를 감추게 되었다. 당당하게 나서는 태도에 주위 사람들도 놀라워했다.

그동안 자신이 상상해온 미래의 자신에게 다가가기 위한 설계대로 스펙을 쌓았고, 그 노력의 결과로 이력서를 넣은 회사에서 정사원으로 취직하게 되었다. 미래의 자신을 라이벌로 생각함으로써 '궁핍한 아르바이트생'이라는 현실에서 벗어날 수 있었던 것이다. 새로 취직한 곳에서도 '미래의 자신을 라이벌'로 생각함으로써 목표를 잃지 않을 수 있었으며, 그러한 자세 덕분에 자신의 업무도 뛰어나게 소화할 수 있었다.

또한 어떤 사람을 만나도 위축되지 않게 되었다. 그녀는 항상 성공한 미래의 자신과 경쟁하고 있었기 때문에 상대가 누가 되더라도 두렵지 않았고 자신이 생각하고 있는 바를 소신 있게 말할 수 있었다. 당당한 태도가 업계에서 유명한 사람의 눈에 띄어 큰 기회를 잡게 되었다. 그렇게 눈 깜짝할 새에 연봉이 올라가기 시작했고 머지않아 자신이 상상으로만 그리던 미래의 모습을 실현시켰다.

감정에 휘둘려 망상을 확신한 채 살았다면 자신이 바라던 미래를 실현시키지 못했을 것이다. 막연한 미래를 꿈꾸면서 아무런 준비도 하지 않고 자신의 미래를 낙천적으로 바라봐서는 안 된다. 자신이 꿈꾸는 미래를 명확한 목표로 삼고 그 목표에 다다르기 위한 꾸준한 노력이 실천되어야 한다. 아무런 노력도 없이 그저 희망적인 미래를 꿈꾼다면 그것은 그저 '망상'에 지나지 않는다. 자신이 바라는 미래가 어떤 것인지 직시하고 이루어 나갈 수 있는 방법을 찾을 때 비로소 꿈이 현실로 다가올 것이다.

남보다 내 마음이 우선입니다

초판 1쇄 발행 · 2020년 6월 20일

지은이 · 오시마 노부요리
옮긴이 · 고정미
펴낸이 · 김동하

책임편집 · 김원희
기획편집 · 양현경
온라인마케팅 · 이인애

펴낸곳 · 책들의정원
출판신고 · 2015년 1월 14일 제2016-000120호
주소 · (03955) 서울시 마포구 방울내로9안길 32, 2층(망원동)
문의 · (070) 7853-8600
팩스 · (02) 6020-8601
이메일 · books-garden1@naver.com
포스트 · post.naver.com/books-garden1

ISBN 979-11-6416-057-0 (03180)

· 이 도서의 국립중앙도서관 출판예정도서목록(CIP)은 서지정보유통지원시스템 홈페이지(http://seoji.nl.go.kr)와 국가자료공동목록시스템(http://www.nl.go.kr/kolisnet)에서 이용하실 수 있습니다.(CIP제어번호: CIP2020019042)